Axel Benz
Henrik Scheiffele

Modernes Service- und Instandhaltungsmanagement

Grundlagen, Praxis
und Entwicklungspotenziale

TÜV-Verlag

Dipl.-Inf. Axel Benz
Fraunhofer Institut für Arbeitswissenschaft und Organisation (IAO) Stuttgart; Wissensmanagement in Service und Instandhaltung, Entwicklung und Einführung neuer Dienstleistungen

Dipl. oec. Henrik Scheiffele
Mitarbeiter im Projekt „PRESERVE".

Dieses Buch entstand im Rahmen des Forschungsprojektes PRESERVE (Productivity Engineering for innovative Production Technologies by Knowledge-Based Service Networks).

preSERVE

PRESERVE wurde durch die Europäische Kommission im Rahmen des ist-Forschungsprogramms (information society technologies) gefördert.

Die Deutsche Bibliothek – CIP-Einheitsaufnahme

Benz, Axel:
Modernes Service- und Instandhaltungsmanagement:
Grundlagen, Praxis und Entwicklungspotenziale / Axel Benz;
Ralf Henrik Scheiffele. - Köln: TÜV-Verl., 2001

ISBN 3-8249-0629-5

0101 deutsche buecherei

Gedruckt auf chlorfrei gebleichtem Papier

© by TÜV-Verlag GmbH,
Unternehmensgruppe TÜV Rheinland/Berlin-Brandenburg, Köln 2001
www.tuev-verlag.de
Herstellung: TÜV-Verlag GmbH, Köln
Printed in Germany 2001

Wir danken

den Teilnehmern der Studie, deren Mitarbeit dieses Buch ermöglicht hat:

Achenbach Buschhütten GmbH,

Alcoa Automotive Structures GmbH

ALD Vacuum Technologies GmbH

Balzers Thin Films GmbH

BASF AG

Battenfeld Extrusionstechnik GmbH

Bayer AG

BEHR GmbH & Co

Bertrand Faure Sitztechnik GmbH & Co. KG

BMW AG

Bothner GmbH & Co. KG

Brauerei Beck GmbH & Co.

Brauerei C. & A. Veltins GmbH & Co.

BSH Bosch und Siemens Hausgeräte GmbH

CeramTec AG

Chiron - Werke GmbH & Co. KG

Deckel Maho GmbH

Dietrich Reimelt KG

Donau-Chemie AG

Dräger Interservices GmbH

Draka Deutschland GmbH & Co. KG

Elotherm GmbH

Ex-Cell-O Holding AG

FAG Komponenten AG

Ferromatik Milacron Maschinenbau GmbH

Ford Werke AG

Friesisches Brauhaus zu Jever GmbH & Co. KG

Fürstlich Fürstenbergische Brauerei KG

Gebr. Lödige Maschinenbau GmbH

GKN Löbro GmbH

Goebel GmbH

Gummiwerke Fulda GmbH

Haver & Boecker

Hermes Schleifmittel GmbH & Co.

Honeywell AG

Kaeser Kompressoren GmbH

Keller GmbH

Klöckner Desma Schuhmaschinen GmbH

Kolbenschmidt Pierburg AG

KOSA GmbH

Kraft General Foods GmbH

Krupp Thyssen Nirosta GmbH

Kühnle

Kopp & Kausch AG

Laeis-Bucher GmbH

Linde AG

Lurgi Zimmer AG

MAN Turbomaschinen AG GHH Borsig

Meierhofer AG

Novartis Pharma AG

Poppe & Co. Giessener Gummiwarenfabrik GmbH & Co. KG

Pritt Produktionsgesellschaft mbH

Rasselstein Hoesch GmbH

Riedhammer GmbH

SAG Salzburger Aluminium AG

Schafft Fleischwerke GmbH

Schuler Pressen GmbH & Co

Siemens AG

Sinalco International GmbH & Co. KG

Trumpf GmbH & Co.

Walter AG

Westfalia Landtechnik GmbH

Wilhelm Karmann GmbH.

Inhaltsverzeichnis

Teil 1

1 Gebrauchsanweisung (statt eines Vorworts) 1

2 Management Summary 2

3 Grundlagen eines erfolgreichen Instandhaltungsmanagements 14

4 Grundlagen eines erfolgreichen Servicemanagements 22

5 Exzellentes und zeitgemäßes Instandhaltungsmanagement 29

6 Exzellentes und zeitgemäßes Servicemanagement 37

Teil 2

7 Zugrunde liegende Befragung 44
   7.1 Die Fragebögen 44

8 Ergebnisse 84
   8.1 Ihr Unternehmen 84
   8.2 Inspektion und Wartung 94
   8.3 Ausfallbedingte Instandsetzung 100
   8.4 Modernisierung 121
   8.5 TPM / KVP 122

Teil 3

Anhang A: Projektbeschreibung PRESERVE 127

Anhang B: Abbildungsverzeichnis 129

Anhang C: Literaturverzeichnis 131

1 Gebrauchsanweisung (statt eines Vorworts)

Dieses Buch richtet sich an Manager bzw. Leiter von Service- und Instandhaltungsabteilungen. Es soll Ihnen dabei helfen, Ihre Arbeit einzuschätzen und Ihre Abteilung auf den aktuellen Stand der Technik zu heben. Wenn sie schon auf dem modernsten Stand ist, soll dieses Buch Ihnen dabei helfen, Ihre Meinung zu begründen und zu vertreten. Schließlich kommt es ja oft genug vor, dass andere - und gerade Vorgesetzte - das Offenkundige nicht sehen und einen Beweis fordern.

Die Grundlage dieses Buches war ein Vergleich von 62 Service- und Instandhaltungsabteilungen. Ziel der Befragung war es, herauszufinden wo bei der Organisation von Service- und Instandhaltungsabteilungen und bei der Zusammenarbeit zwischen diesen Abteilungen Raum für Weiterentwicklungen oder gar dringender Entwicklungsbedarf besteht. Und wir wurden fündig! Die Entdeckungen, die wir in den verschiedensten Bereichen gemacht haben, sind in Kapitel 2 (Management Summary) geschildert. Dort finden Sie die Essenz der Befragungsergebnisse in einer übersichtlichen Zusammenfassung.

Die Kapitel 3 bis 6 sind für diejenigen, die ihre Service- (Kapitel 4 und 6) oder Instandhaltungsabteilung (Kapitel 3 und 5) einem gründlichen Check unterziehen wollen. Dabei dient das Kapitel 3 (Service: 4) dazu, zunächst das Vorhandensein der wichtigsten Bausteine eines erfolgreichen Managements festzustellen, während das Kapitel 5 (Service: 6) erlaubt, im Vergleich mit den Befragungsteilnehmern den Stand des eigenen Unternehmens hinsichtlich der von uns entdeckten Entwicklungspotentiale festzustellen.

Für diejenigen, die sich dafür interessieren, wie die Ergebnisse zustande kamen, sind schließlich in den Kapiteln 7 und 8 die Befragungsgrundlagen, die Fragebögen, sowie sämtliche Auswertungen aufgeführt.

Axel Benz / Henrik Scheiffele

2 Management Summary

Produktivität verkaufen

Maschinenbaufirmen wissen, dass es heute nicht mehr ausreicht, nur Maschinen zu verkaufen. Der Kunde wünscht Verfügbarkeitsgarantien oder sogar Betreiberkonzepte; er verlangt für sein Geld nichts anderes als garantierte Produktivität. Deswegen entwickeln sich Dienstleistungen, Kundendienst und Service zunehmend zu einem zum Produktverkauf gleichwertigen Geschäftsfeld. Instandhalter können von dieser Entwicklung lernen. Sie leisten dasselbe wie Kundendienstabteilungen, allerdings im eigenen Betrieb. Auch von ihnen wird erwartet, Produktivitätsgaranten zu sein.

Koordination vorbeugender IH mit Nebenzeiten

Produktivität wird nicht nur durch wenig Maschinenausfälle und schnelle Reparaturen gesteigert, sondern auch durch geschickte Planung. Abbildung 1 zeigt, welches Potenzial hier möglich ist. Es wurde untersucht, ob die Unternehmen Inspektions- und Wartungszeiten mit geplanten Maschinenstillständen (Nebenzeiten, wie sie zum Beispiel für Werkzeugwechsel anfallen) koordinieren und ob bei einer solchen Koordination zusätzliche Stillstände für Inspektion und Wartung überflüssig werden. Bei immerhin ca. einem Viertel der (befragten) Unternehmen ist dies der Fall. Auf der anderen Seite verzichten mehr als ein Fünftel der Unternehmen ganz auf diese Möglichkeit, nutzen also das vorhandene Potenzial nicht.

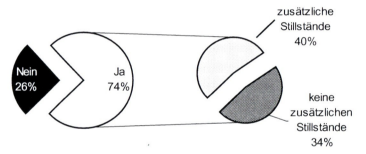

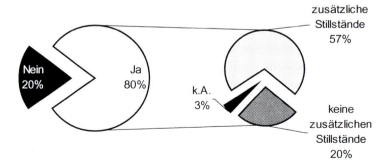

Abbildung 1: Koordination von Inspektionen und Wartungen mit geplanten Stillstandszeiten

Teil 1   3

Die Instandhaltung hat ein Problem: Es ist in den meisten Fällen sehr schwierig, nachzuweisen, wie viel ein Unternehmen durch Instandhaltung gespart hat. Der Input der Instandhaltung ist bekannt, der Output nicht. Ein pragmatischer Ausweg aus diesem Dilemma sind Budgets. Über Soll-Ist-Vergleiche wird der erwartete Kostenrahmen für die Instandhaltung abgesteckt und seine Einhaltung gesteuert. Tritt ein Anlagenstillstand auf, so können dessen Kosten mit dem Budget verglichen werden und als Grundlage zukünftiger Budgetverhandlungen dienen.

Budgetierung

Instandhaltungsbudgets sind also ein wirksames Mittel zur Steuerung der Instandhaltungsabteilung. Sie stellen die Zielvorgaben dar, auf welche die Instandhaltungsarbeit ausgerichtet sein muss.

Bereits 58 Prozent der Unternehmen stellen bezüglich ihrer IH-Kosten Soll-Ist-Vergleiche an (Abbildung 2).

Werden bezüglich der IH-Kosten Soll-Ist-Vergleiche angestellt ?

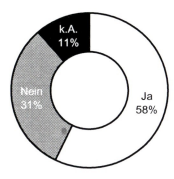

Abbildung 2: Soll-Ist-Vergleich bezüglich der IH-Kosten

Werden Budgets verschiedenen Anlagen einzeln zugeordnet, lassen sich leicht die besonders instandhaltungsintensiven (kränkelnden) Anlagen feststellen und Gegenmaßnahmen (z.B. eine Generalüberholung) ergreifen. Diese Chance nutzen nur 40 % der Unternehmen (Abbildung 3).

Werden IH-Kosten pro Anlage budgetiert ?

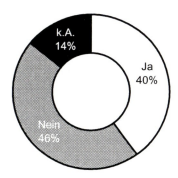

Abbildung 3: Budgetierung der IH-Kosten je Anlage

Da der Maschinenbediener erheblichen Einfluss auf den Gesamtzustand seiner Anlage hat, kann es zum Teil auch an ihm liegen (z.B. durch Bedienungsfehler), dass seine Anlage zu den besonders IH- bzw. Kostenintensiven zählt. Der IH-Aufwand liegt also teilweise im Verantwortungsbereich der einzelnen Mitarbeiter. Aus diesem Grund sollten ihnen auch die Instandhaltungskosten ihrer Maschine (sofern diese bekannt sind) mitgeteilt werden, um sie dahingehend zu sensibilisieren, Instandhaltungskosten nach Möglichkeit zu vermeiden.

Dies ist aber nur bei 23 Prozent der Unternehmen der Fall (Abbildung 4).

Werden die IH-Kosten den Maschinenbedienern mitgeteilt?

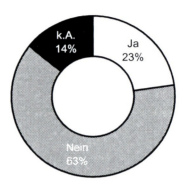

Abbildung 4: Unterrichtung der Maschinenbediener bezüglich der anfallenden IH-Kosten

Service als profitables Kerngeschäft

Genauso, wie sich Instandhaltungsabteilungen darüber beklagen, nur als Kostenverursacher angesehen zu werden, beklagen sich die Serviceabteilungen darüber, dass Kunden nicht bereit sind, für Service zu bezahlen. Dass diese Klage eher historisch bedingt ist, zeigt Abbildung 5:

Nahezu alle der in Abbildung 5 aufgeführten Serviceleistungen werden heute schon etwa zur Hälfte gegen Bezahlung geleistet.

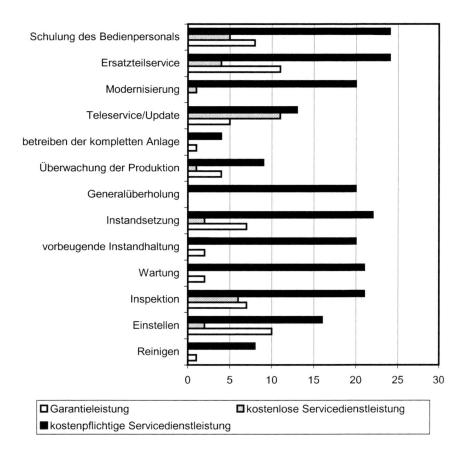

Abbildung 5: Serviceelemente

Erstaunlich ist in diesem Zusammenhang, dass trotzdem 48 % der Serviceabteilungen immer noch nicht als Profit-Center geführt werden (Abbildung 6).

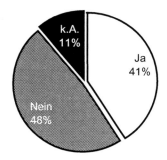

Abbildung 6: Serviceabteilung als Profit-Center

TPM

Ein Versuch, die enge Verzahnung zwischen Instandhaltung und Produktion im Unternehmen ernst zu nehmen ist TPM (Total Productive Maintenance).

TPM dient der kontinuierlichen Verbesserung der Effektivität aller Betriebsanlagen unter Beteiligung der gesamten Belegschaft und umfasst fünf Kernelemente:

- produktive Instandhaltung über die gesamte Lebensdauer der Anlage,
- Maximierung der Anlagen-Effektivität,
- Einbeziehung aller Abteilungen des Unternehmens,
- Beteiligung aller Mitarbeiter, vom Manager bis zum Anlagenbediener,
- Motivation der Mitarbeiter zur Kooperation in autonomen Kleingruppen (Teams).

Immerhin 37% der befragten Unternehmen gaben an, bereits TPM-Initiativen gestartet zu haben (Abbildung 7).

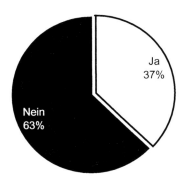

Abbildung 7: TPM-Vision

Damit diese Initiativen erfolgreich sein können, sind in einigen Bereichen noch Entwicklungen notwendig:

KVP

Eines der wichtigsten TPM-Elemente ist ein funktionierender Kontinuierlicher Verbesserungsprozess (KVP), bei dem alle Mitarbeiter, vom Maschinenbediener bis zum Management, beteiligt sein müssen. KVP hat sich weitgehend durchgesetzt, 69% der Unternehmen nutzen diese Institution (Abbildung 8).

Gibt es in Ihrem Unternehmen einen formellen und funktionierenden Kontinuierlichen Veränderungsprozess (KVP) ?

Abbildung 8: Existenz eines KVP

Trotzdem ist die Meinung der Mitarbeiter über KVP nicht einstimmig positiv. Ein Grund dafür ist, dass der KVP häufig von Ingenieuren verwaltet wird, die zufrieden sind, wenn eine Lösung für ein Problem gefunden wurde. Um die Lösung durchzusetzen, müssen jedoch auch Marketingaktivitäten geleistet werden. Dass diese zu kurz kommen, wird in Abbildung 9 deutlich: Nur 55% der Unternehmen veröffentlichen die Resultate der KVP-Projekte.

Werden Projektresultate veröffentlicht ?

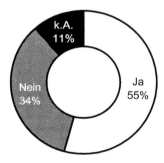

Abbildung 9: Veröffentlichung der Projektresultate

Ein weiteres wichtiges Element des TPM ist die Idee, dass möglichst viele Instandhaltungsarbeiten von den Maschinenbedienern geleistet werden sollen. Dieses Konzept wird als autonome Instandhaltung (AI) oder dezentrale Anlagen- und Prozessverantwortung (DAPV) bezeichnet. Bei der Untersuchung stellte sich heraus, dass dieses Konzept, dessen Vorteile unmittelbar einleuchten (schnelle Reaktionsmöglichkeit, vertrauter Umgang mit der Anlage) noch nicht verbreitet ist (Abbildung 10).

Autonome Instandhaltung

Schätzen Sie ein, welcher Anteil des gesamten Wartungsaufwandes auf die verschiedenen Personen entfällt. (IH)

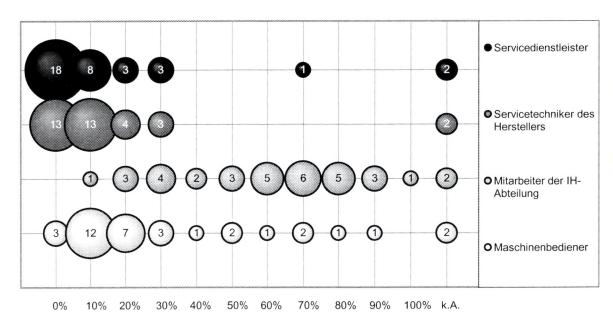

Abbildung 10: Verteilung des IH-Aufwandes

Die IH-Abteilung hat die größten Anteile des Wartungsaufwandes (60-90%), während der Anteil der Maschinenbediener meist nur bei ca. 10% liegt. Warum ist dies der Fall? Ist die autonome Instandhaltung kein sinnvolles Konzept? Doch: sie ist sinnvoll. Abbildung 11 zeigt, dass die Maschinenbediener nicht nur räumlich am nächsten an der Maschinenstörung sind, sondern, dass sie auch die ersten sind, die von der Maschinenstörung erfahren. Sie haben also eine Schlüsselposition, wenn es darum geht, möglichst schnell auf Störungen zu reagieren.

Wie hoch ist der Anteil der Störungen, die von den verschiedenen Personen erkannt werden?

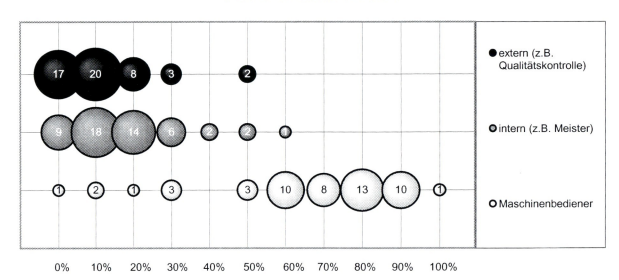

Abbildung 11: Störungserkennung

Sie können jedoch oft nicht reagieren, da Ihnen die notwendige Qualifikation fehlt. So sind sie zum Beispiel im Durchschnitt in nur 37% der Fälle in der Lage, eine Störung korrekt zu beschreiben (Abbildung 12).

Qualifikation der Maschinenbediener

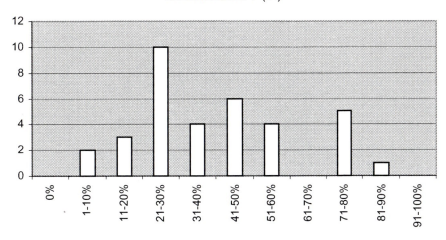

Abbildung 12: Störungsbeschreibung

Außerdem haben sie zwar ausreichende Qualifikationen, was das Wissen über ihre Maschine betrifft, aber es mangelt an der Übersicht über das ganze System, an Reparatur- und Werkzeugwissen (Abbildung 13).

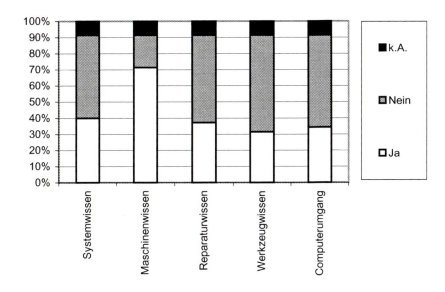

Abbildung 13: Qualifikation der Produktionsmitarbeiter

Drei Viertel der Unternehmen geben an, dass nur 5% oder weniger der Arbeitszeit der IH-Abteilung für die Fortbildung der Maschinenbediener verwendet wird, während es durchaus auch Betriebe gibt, bei denen dieser Anteil wesentlich höher ist (Abbildung 14).

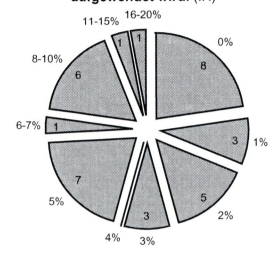

Abbildung 14: Fähigkeitsschulung

Anlagenmanagement

Als letztes, wichtiges TMP-Element sei das Anlagenmanagement genannt, also die Absicht, möglichst instandhaltungsfreundliche Anlagen zu verwenden. Dies spielt schon bei Planung und Kauf der Anlage eine Rolle, jedoch (da wir es meist mit Altanlagen zu tun haben) vor allem bei Überholungen, Modernisierungen, Aus- und Umbau von Anlagen. In diesem Bereich besteht erheblicher Entwicklungsbedarf. Um ein nachhaltiges Anlagenmanagement zu betreiben, muss eng mit dem Hersteller der Maschinen zusammengearbeitet werden; dies ist jedoch nicht der Fall. So geben zwar über 50% der Unternehmen an, im eigenen Betrieb Störungsprotokolle für die Vermeidung späterer Störfälle zu benutzen, jedoch weniger als 15% leiten diese Protokolle an die Hersteller weiter (Abbildung 15).

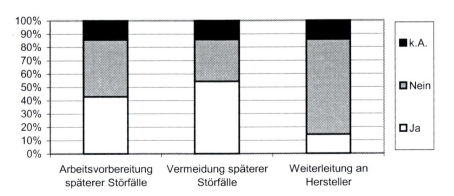

Abbildung 15: Protokollverwendung

Der Hersteller hat also keine Chance, das Kundenwissen zur Verbesserung seiner Maschinen zu nutzen, ein Umstand, der von den Maschinenbauunternehmen heftig beklagt wird. Noch deutlicher wird dies bei der Frage der Anpassung von Inspektionsplänen an die unternehmensspezifische Situation. Fast alle Unternehmen führen eine solche Anpassung durch, jedoch kein einziges meldet dies an den Hersteller zurück (Abbildung 16).

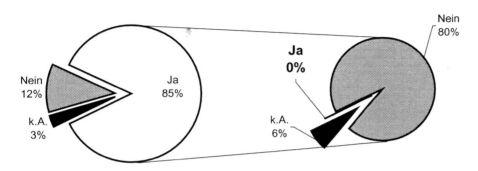

Werden die *Inspektions*pläne an Ihre unternehmensspezifische Situation angepasst, und wenn Ja, werden diese Veränderungen an den Hersteller zurückgemeldet ? (IH)

Nein 12%
Ja 85%
k.A. 3%

Ja 0%
Nein 80%
k.A. 6%

Abbildung 16: Anpassung der Inspektionspläne

Die Frage ist, wie dies verändert werden kann. Maschinenhersteller sind damit unzufrieden, weil ihnen wichtige Informationen über den Betrieb ihrer Maschinen fehlen, die Maschinenbetreiber hingegen fühlen sich auf dem schmalen Grad zwischen betrieblichen Notwendigkeiten und der Einhaltung von (Garantie-) Vertragspflichten unwohl. Hier sind neue Ideen bei der Vertragsgestaltung zwischen Maschinenhersteller und Maschinenbetreiber notwendig.

Die herausragendste technische Entwicklung der letzten Zeit ist die Verwendung des Internets für die Abwicklung von Geschäftsprozessen. Inwiefern ist dies für Service- und Instandhaltungsabteilungen interessant? In einer Umfrage unter 113 Kundenunternehmen der Maschinenbauindustrie wurde 1999 festgestellt, dass die Ersatzteilbestellung für diese Unternehmen zu den attraktivsten Möglichkeiten des Internets zählt (Abbildung 17).

Ersatzteile via Internet

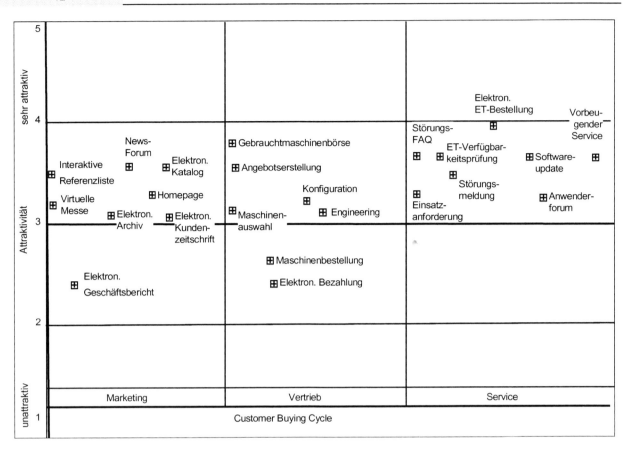

Abbildung 17: Attraktivität der Elektronischen Ersatzteilbestellung

Diesem Kundenwunsch wurde bisher noch nicht Rechnung getragen. Nur knapp über 10% der Serviceunternehmen bieten diese Möglichkeit an, und auch unternehmensintern können nur bei wenigen Unternehmen Ersatzteile über Intranet angefordert werden (Abbildung 18).

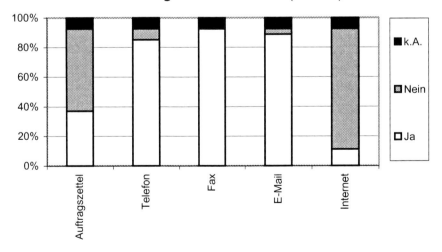

Abbildung 18: Ersatzteilbestellung

Hier bietet der Einsatz neuer Techniken eine enorme Zeitersparnis für alle Beteiligten.

Wir haben vor allem in drei Bereichen Entwicklungsmöglichkeiten gefunden: — Fazit

- Einbeziehung der Maschinenbediener in die Instandhaltungsprozesse. Voraussetzung dafür ist eine bessere Qualifikation und Information der Maschinenbediener.

- Nutzung der neuen Kommunikationsmittel für die Automatisierung und Standardisierung von Unternehmensprozessen. Hierzu sind alle technischen Voraussetzungen in den Unternehmen vorhanden, die Herausforderung ist jetzt die Neugestaltung der organisatorischen Abläufe.

- Zusammenarbeit mit den Maschinenherstellern: Voraussetzung für eine Verbesserung sind vor allem die Intensivierung der laufenden Kontakte zwischen Hersteller und Betreiber sowie die kreativere Gestaltung der Garantie- und Abnahmeverträge. Beide Parteien müssen die Instandhaltungsfreundlichkeit und Verfügbarkeit der Anlagen als gemeinsames Ziel begreifen.

3 Grundlagen eines erfolgreichen Instandhaltungsmanagements

Dieses Kapitel soll Ihnen Ideen zur Entwicklung Ihrer Instandhaltungsabteilung liefern. (Manager von Service-Abteilungen können dieses Kapitel überspringen und in Kapitel 4 weiterlesen.)

Es werden Ihnen eine Reihe von Entscheidungsfragen gestellt. Können Sie eine Frage nicht mit „ja" beantworten, dann haben Sie einen Ansatzpunkt für Weiterentwicklungen gefunden. Sie können sich dann überlegen, warum an dieser Stelle Ihre Abteilung so ist, wie sie ist, und ob sie dies ändern wollen (und wenn nein, warum nicht). Sie können die Fragen und Ihre Antworten auch als Diskussionsgrundlage für Verbesserungsvorschläge, Strategiepläne oder Budgetverhandlungen nutzen.

Aufgaben der Instandhaltung

Doch nun sofort in medias res: In Abbildung 19 sehen Sie die klassischen Aufgaben der Instandhaltung. Nimmt Ihre Abteilung diese Aufgaben wahr? Wenn nein, warum nicht?

Hauptaufgaben	Aufgaben	Nehmen Sie diese Aufgabe wahr ?	
		Ja	Nein
Instandhaltungs-planung	Strategieplanung	O	O
	Budgetplanung	O	O
	Personalplanung	O	O
	Betriebsmittelplanung	O	O
	Werkstättenplanung	O	O
	Materialplanung	O	O
	Arbeitsplanerstellung	O	O
Instandhaltungs-steuerung	Auftragsterminierung	O	O
	Materialdisposition	O	O
	Termin- und Kapazitätsplanung	O	O
	Kostenplanung	O	O
	Auftragsveranlassung	O	O
	Auftragsüberwachung	O	O
	Auftragsrückmeldung	O	O
Instandhaltungs-analyse	Auftragsabweichungsanalyse	O	O
	Schwachstellenanalyse	O	O
	Schadensursachenanalyse	O	O
Maßnahmen-durchführung	Wartung, Inspektion, Instandsetzung, Maßnahmen zur Verbesserung und Optimierung der Anlagen	O	O

Abbildung 19: klassische Aufgaben der Instandhaltung

In Abbildung 20 sehen sie die aufbauorganisatorischen Grundformen sowie deren Vor- und Nachteile.

Aufbauorganisation

	Linien-Organisation	Stab-Linien-Organisation	Matrix-Organisation	Projekt-Organisation
Vorteile	straffer Aufbau der Organisation klare Regelung von Anordnungsrecht und Verantwortung	Möglichkeit zur Spezialisierung in Stabsstellen Entlastung der oberen Instanzen durch die Stabsstellen	Schwer zu koordinierende komplexe Organisationen können in überschaubare Einheiten aufgeteilt werden Entlastung der oberen Entscheidungsgremien	Zusammenführung und Koordinierung aller an einem Projekt beteiligten Stellen sehr flexibel Heranziehen von Experten möglich
Nachteile	langwierige und umständliche Befehlswege hohe Belastung der oberen Instanzen	schwierige Abgrenzung von Aufgaben- und Verantwortungsbereich zeitliche und sachliche Koordinationsprobleme zwischen Stab und Linie Auslastungsprobleme der Stabsstellen	Konflikte infolge der Doppelunterstellungen hoher Organisationsaufwand (z.B. für die Koordinierung)	Kompetenzüberschneidungen Konflikte durch Herauslösen und Wiedereingliedern von Projektmitarbeitern aus ihrer Funktion

Abbildung 20: aufbauorganisatorische Grundformen

Überlegen Sie sich, welcher Grundform Ihr Unternehmen am ehesten entspricht, und welche Rolle Ihre Abteilung in dieser Organisation hat. Gehen Sie die Vor- bzw. die Nachteile dieser Organisationsform Punkt für Punkt durch. Spüren Sie in der täglichen Arbeit die Vorteile der spezifischen Organisationsform Ihres Unternehmens? Wenn nein, warum nicht?

Sind Ihnen die Nachteile Ihrer spezifischen Organisationsform schon einmal aufgefallen? Wie können Sie in Zukunft damit umgehen?

Welcher aufbauorganisatorischen Grundform entspricht die interne Organisation ihrer Abteilung? Nutzen Sie aktiv die Vorteile? Sind Sie sich der Nachteile bewusst? Haben Sie Strategien, um die Nachteile gering zu halten?

Outsourcing wird oft für ein Allheilmittel gehalten, doch auch diese Strategie hat Vor- und Nachteile und muss auf den spezifischen Fall zurechtgeschnitten werden. In Abbildung 21 sehen Sie, welche Gründe für die Fremdvergabe und welche für die Eigendurchführung sprechen.

Outsourcing

Gründe, die für die Eigendurchführung sprechen	Gründe, die für die Fremdvergabe sprechen
das eigene Personal verfügt über betriebsspezifisches Wissen und bedarf keiner Einweisung schnellere Reaktionszeiten, da in dringenden Fällen schneller über das Personal disponiert werden kann (bessere Zugriffsmöglichkeiten und Verfügbarkeit) höhere Motivation der eigenen Mitarbeiter durch die Bindung zum Unternehmen (es werden keine unnötigen Maßnahmen durchgeführt) Personal kann entsprechend seiner Qualifikation eingesetzt werden, da Qualifikationen der Mitarbeiter bekannt sind Verbleib des Know-hows im Unternehmen	kostenmäßige Vorteile: Abbau von Fixkosten infolge von niedrigeren Verwaltungs- und Personalkosten / spezialisierungsbedingte Kostendegressionen / Erhöhung der eigenen Kostenflexibilität durch Inanspruchnahme von Fremdleistungen / Vermeidung von Investitionen für Modernisierungen / Reduzierung der Vorhaltungen für Werkstätten und technische Einrichtungen kapazitätsmäßige Vorteile: Reduzierung der eigenen IH-Kapazitäten / Optimierung der eigenen Kapazitäten (ständige Auslastung des eigenen Personals) / grundlastorientierte Kapazitätsbemessung (Grundlast selbst- Spitzenbedarf vergeben) / Entlastung des eigenen IH-Personals von sehr einfachen Aufgabenstellungen und Routinetätigkeiten / Überwindung der Knappheit an qualifizierten Fachkräften Know-how-Vorteile: Nutzung IH-objektspezifischer Kenntnisse der Anlagenhersteller insbesondere bei neuen Technologien / Nutzung IH-maßnahmenbezogener Kenntnisse der Dienstleistungsspezialisten / Realisierung qualitativer Vorteile zeitliche Vorteile: Nutzung der Servicenetze von Fremdinstandhaltern zur flexiblen und schnellen Störfallbeseitigung / Nutzung von Produktionsunterbrechungszeiten zur planmäßigen Fremd-IH
Gründe, die gegen die Eigendurchführung sprechen	**Gründe, die gegen die Fremdvergabe sprechen**
gleichbleibende Kosten auch bei geringer Auslastung (Fixkostenblock) hohe Kosten für selten benötigtes Spezialwissen und spezielle Betriebsmittel	Aufwand für Koordination und Kontrolle der Dienstleister längere Reaktionszeiten durch längere Wegzeiten Gefahr der Abhängigkeit von Dienstleistern Verlust von Schlüssel-Know-how Aufgabe nicht ergebnisorientiert definierbar

Abbildung 21: Vor- und Nachteile der Eigen- bzw. Fremdinstandhaltung

Notieren Sie sich in einer Liste, welche Arbeiten Sie fremd vergeben und welche Arbeiten Sie selbst machen. In Abbildung 22 sehen Sie ein Entscheidungsverfahren für das Outsourcing. Führen Sie das Verfahren für Ihre Abteilung durch.

1. Schritt	Für die einzelnen IH-Maßnahmen ist getrennt der jeweilig erwartete Umfang in Arbeitsstunden zu ermitteln
2. Schritt	Der erwartete Umfang in Arbeitsstunden ist möglichst für jede Anlage und jedes Anlagenteil festzulegen
3. Schritt	Der erwartete Umfang in Arbeitsstunden ist den verschiedenen Fachgruppen zuzuordnen
4. Schritt	Ermittlung der IH-Maßnahmen (einschl. Std.), die besonders geheimhaltungspflichtig sind
5. Schritt	Ermittlung der IH-Maßnahmen (einschl. Std.), die eine ständige oder sofortige Verfügbarkeit notwendig machen
6. Schritt	Ermittlung der IH-Maßnahmen (einschl. Std.), die Spezialkenntnisse und/oder –geräte (der Hersteller) erfordern
7. Schritt	Ermittlung der IH-Maßnahmen (einschl. Std.), die eine ständige Auslastung des Eigenpersonals (z.B. wegen saisonaler Produktion) nicht gewährleisten
8. Schritt	Ermittlung der IH-Maßnahmen (einschl. Std.), die aufgrund sonstiger betriebsindividueller Gründe nur vom Eigenpersonal erbracht werden können
9. Schritt	Erstellung einer präzisen Leistungsbeschreibung (Pflichtenheft)
10. Schritt	Einholung von Angeboten
11. Schritt	Erstellung eines Wirtschaftlichkeitsvergleichs (Kostenvergleichsrechnung)
12. Schritt	Berücksichtigung sonstiger Aspekte
13. Schritt	Leistungsbeurteilung
14. Schritt	Informationsrückfluss

Quelle: Hartung, P. u.a.; Unternehmensgerechte Instandhaltung; Ehningen bei Böblingen 1993; S.61

Abbildung 22: Vorschlag zur Vorgehensweise bei der Wahl zwischen Eigen- und Fremdinstandhaltung

Grundlage aller Managemententscheidungen ist die Strategie, die das Unternehmen verfolgt. Basierend auf dieser Unternehmensstrategie kann die IH-Abteilung ihrerseits verschiedene Strategien verfolgen. Eine Strategie kann durchaus ein sehr differenziertes Gebilde sein, so kann zum Beispiel für verschiedene Instandhaltungsobjekte (Anlagen, Maschinen, Baugruppen, Aggregate) die Verfolgung verschiedener Strategien sinnvoll sein. Es gibt drei Grundtypen von Strategien in der Instandhaltung:

IH-Strategie

- die *vorbeugende IH-Strategie (Präventivstrategie)* bedeutet, dass - unabhängig vom jeweiligen Zustand einer Anlage - die Instandsetzung nach einem Intervall-Plan erfolgt (z.B. nach Kalenderwochen oder Betriebsstunden);

- die *ausfallbedingte IH-Strategie (Feuerwehrstrategie, break-down-Strategie oder Havarie-Strategie)* sieht vor, dass erst ein Anlagenausfall vorliegen muss, bevor die Inspektion durchgeführt wird;

- die *zustandsorientierte IH-Strategie (Inspektionsstrategie)* hat zum Ziel, den Abnutzungsvorrat weitestgehend auszunutzen; dies wird dadurch erreicht, dass permanent Inspektionen durchgeführt werden, die den Zustand der betreffenden Anlage feststellen, produktionsgefährdende Zustandsveränderungen aufdecken und geeignete Abhilfemaßnahmen auslösen. Diese Strategie eignet sich besonders bei mechanischen Bauteilen, da an diesen der Abnutzungszustand einfach ermittelt und beurteilt werden kann.

In Abbildung 23 sehen Sie die Vorteile, Nachteile sowie Anwendungsgebiete der einzelnen IH-Strategien.

	"Feuerwehrstrategie"	"Präventivstrategie"	"Inspektionsstrategie"
Vorteile	volle Nutzung der Bauelementelebensdauer geringere Planung geringerer Personalbedarf	hohe Zuverlässigkeit und Verfügbarkeit durch vorbeugende Maßnahmen hohe Planbarkeit der IH-Arbeiten Senkung der Kosten für Produktionsausfälle durch Reduzierung unvorhergesehener Ausfälle.	hohe und termingerechte Verfügbarkeit bessere Nutzung der Bauelementelebensdauer gute Planbarkeit rel. hohe Verfügbarkeit bzw. Zuverlässigkeit kann gewährleistet werden
Nachteile	volles Risiko bzw. hohe Ausfallkosten, die vermieden werden könnten keine Planbarkeit nicht lagerhaltige Ersatzteile müssen teilweise beschafft werden und verursachen somit Ausfallkosten; lagerhaltige Ersatzteile verursachen Lagerhaltungskosten eine vorgegebene hohe Verfügbarkeit bzw. Zuverlässigkeit kann nicht gewährleistet werden	Wartungspersonal erforderlich eingeschränkte Bauelementelebensdauer hoher Planungsaufwand und hoher Aufwand für Informationsgewinnung über Ausfallverhalten.	Inspektionspersonal erforderlich erhöhter Planungsaufwand Inspektionen verursachen Kosten, die teilweise höher sein können als entsprechende Kosten für vorbeugenden Teiletausch
Anwendungsgebiete	Bereiche, in denen Anlagen nur wenig genutzt werden, Produktionsunterbrechungen zu keinen Lieferschwierigkeiten führen, redundante Systeme und ein hoher Ersatzteilbestand vorhanden oder keine Sicherheitsanforderungen berührt sind.	Das Einsatzgebiet wird durch gesetzliche Vorschriften, die turnusmäßige Inspektionen erfordern und Anlagen, deren Ausfall erhebliche Gefährdungen für Personen und Einrichtungen erzeugen würde, bestimmt.	Findet Anwendung, wenn der Abnutzungsvorrat messbar ist. Sie ermöglicht eine weitgehende Nutzung der Bauelementlebensdauer ohne das volle Risiko eines Ausfalls.

Abbildung 23: Vor-/Nachteile und Anwendungsgebiete organisatorischer IH-Strategien

Wissen Sie für jedes Ihrer IH-Objekte welche Strategie verfolgt wird? Können Sie diese Strategie anhand der Vorteile, Nachteile oder Anwendungsgebiete begründen? Weitere Gründe für die Wahl einer bestimmten Strategie können zum Beispiel sein:

- Unternehmens- und Produktionsziele (Verfügbarkeit, Kosten, Produktqualität)

- gesetzliche Vorschriften (Sicherheitsanforderungen, Umweltrelevanz)

- Auswirkungen des Anlagenausfalls (Schadensfolgekosten, Imageverlust, Gefährdung von Mitarbeitern)

- Art des Schädigungsverhaltens (spontan (z.B. Elektronikteile lassen keine Inspektionsstrategie zu), verschleißbedingt, überlastungsbedingt, aufgrund von Fehlbedienungen)

- Anlagenspezifika wie die Existenz redundanter Einheiten, sodass Schadensfälle nicht unbedingt zum Anlagenstillstand führen

Schaffen Sie sich Anhand einer Tabelle wie Abbildung 24 ihre optimale Strategie!

IH-Objekt	IH-Strategie			Grund
	vorbeugend	ausfallbedingt	zustandsorientiert	

Abbildung 24: optimale IH-Strategie

Das beste Mittel gegen den ewigen Vorwurf an die Instandhaltung, nur Kostenverursacher zu sein, ist die Verwendung von Budgets. Wenn diese Budgets zusätzlich je Anlage aufgestellt werden, lassen sich besonders störungsanfällige Anlagen bestimmen. — Budgets

Können Sie spontan sagen, welche Ihrer IH-Objekte besonders IH-intensiv sind?

Können Sie diese Aussagen durch ein anlagenbezogenes Budget belegen?

Hierbei stellt sich die Frage, auf welcher Grundlage die Budgets festgelegt werden. Die pragmatischste Methode ist sicher die Verwendung von Erfahrungswerten. Erfahrungswerte sind allerdings nur überzeugend, wenn sie auf Basis der tatsächlichen Zahlen permanent fortgeschrieben werden.

Machen Sie Vorkalkulationen und Nachkalkulationen der IH-Einsätze?

Vergleichen Sie Vor- und Nachkalkulation und können Sie so IH-Kosten planen?

Um IH-Kosten planen zu können sind neben den Erfahrungswerten auch Arbeitspläne notwendig, welche die einzelnen Kostenverursacher eines IH-Einsatzes aufschlüsseln. — Arbeitspläne

Haben Sie Arbeitspläne für die in Ihrem Bereich anfallenden Arbeiten?

Enthalten diese Arbeitspläne

- die Arbeitsablaufplanung

- eine Ermittlung der Durchführungszeit

- die Bestimmung der benötigten personellen Ressourcen

- die Bestimmung der benötigten Materialressourcen

- die Auswahl der benötigten Betriebsmittel?

IH-Planung	Die Planung von IH-Arbeiten ist kein einfaches Problem, da viele IH-Einsätze überraschend auftreten. Trotzdem ist die Planung möglich, wenn genügend Ressourcen für diese Feuerwehreinsätze zur Verfügung stehen.

Planen Sie die IH-Arbeiten in einer Periode?

Kommen Sie mit den Plänen zurecht?

Ist Ihre IH-Abteilung im großen und ganzen gleichmäßig ausgelastet?

Pläne sind dazu da, umgestellt zu werden, wenn etwas Unvorhergesehenes auftritt. Hierzu ist der Überblick über die aktuelle Situation notwendig.

Können Sie sich jederzeit sofort darüber informieren,

- ob alle laufenden Aufträge im Terminplan sind?
- wie stark die Abteilung belastet ist?
- wie die aktuelle Auftragssituation der Abteilung ist?

Nachbereitung der IH-Einsätze	Es wäre schön, wenn man jeden Fehler für immer beseitigen könnte. Das ist nicht möglich, aber es ist möglich, darauf hin zu arbeiten.

Analysieren Sie Ihre IH-Einsätze auf Konstruktionsfehler?

Analysieren Sie Ihre IH-Einsätze auf Schwachstellen in den Anlagen?

Analysieren Sie Ihre IH-Einsätze daraufhin, ob mangelnde IH-Freundlichkeit der betroffenen IH-Objekte vorlag?

Solche Analysen bringen Ergebnisse zutage, für die sich auch andere Unternehmensbereiche und vor allem die Hersteller der Maschinen interessieren. Nachhaltige Verbesserungen können nur erreicht werden, wenn die Ergebnisse den maßgeblichen Stellen zur Verfügung stehen.

Informationsrückfluss	Informieren Sie andere Unternehmensbereiche über Verbesserungsmöglichkeiten der Anlagen?

Informieren Sie die Hersteller über Verbesserungsmöglichkeiten der Anlagen?

Ersatzteilwesen / Lagerhaltung	Eine wesentliche Einflussgröße auf die Verfügbarkeit von Maschinen und Anlagen, und somit ein wichtiger Aspekt der Instandhaltung, ist die bedarfsgerechte (d.h. rechtzeitig und in der richtigen Menge) Bereitstellung von Ersatzteilen.

Die Problematik des Ersatzteilwesens liegt in der richtigen Lagerhaltungsstrategie, denn einerseits sind die Lagerhaltungs- und Kapitalbindungskosten umso höher, je mehr Teile im Ersatzteillager – und somit kurzfristig verfügbar – gehalten werden. Andererseits sind die Stillstandskosten durch Nicht-Verfügbarkeit von Ersatzteilen umso geringer, je schneller ein benötigtes Ersatzteil bereitsteht.

- Kommt es bei Ihnen häufig zu Ersatzteil-Engpässen?
- Treten häufig Fehllieferungen von Ersatzteilen auf?
- Welche Zeitspanne vergeht durchschnittlich zwischen Bestellung und Eintreffen des Ersatzteils am Einsatzort?

Um ein objektives Bild vom Zustand der Abteilung zu bekommen, sind Kennzahlen notwendig. Kennzahlen sind ein heikles Thema, eben weil sie (meist) ein objektives Kriterium darstellen. Die Verwendung von PPS-Systemen in der Instandhaltung erlaubt die automatische Aufnahme sehr vieler Kennzahlen, die dann allerdings auch richtig interpretiert werden müssen. Abschließend seien drei einfache Kennzahlen dargestellt, die dabei helfen, den Zustand der Abteilung zu beurteilen:

- Dringlichkeitsrate: Die Dringlichkeitsrate ist die Anzahl der Sofortaufträge geteilt durch die Anzahl der gesamten Aufträge. Diese Zahl gibt Auskunft über die Planbarkeit der IH-Arbeiten. Ist die Dringlichkeitsrate größer als 20%, sind Kapazitäts- und Terminplanung kaum noch denkbar; sie sollte im Mittel unter 10% liegen.

- Vergabegrad: Der Vergabegrad berechnet sich aus den Kosten für Fremdleistungen geteilt durch die gesamten Instandhaltungskosten. Ist er zu hoch, ist die Abhängigkeit von Dienstleistungszulieferern zu groß, ist er zu niedrig, werden Outsourcing-Chancen nicht genutzt. Der Vergabegrad sollte im Mittel zwischen 10 und 20% liegen.

- Anlagenverfügbarkeit: Für jede Anlage, die instandgehalten wird, sollte die aktuelle Verfügbarkeit bekannt sein. Für die Verfügbarkeit stehen diverse Berechnungsformeln zur Verfügung (z.B. technische Verfügbarkeit = mittlere durchschnittliche Nutzungszeit / (mittlere durchschnittliche Nutzungszeit + mittlere Ausfallzeit)). Welche davon am besten gewählt wird, hängt von den Spezifika der Anlagennutzung ab (Rüstzeiten, Ausfallkosten, Qualitätssicherheit). Es ist nur wichtig, dass eine Zahl gewählt wird, die eine echte Aussage zur Produktivität der Anlage erlaubt und dass immer dieselbe Kennziffer benützt wird. Die Verfügbarkeit sollte möglichst hoch sein.

Wenn Sie dieses Kapitel durchgearbeitet haben, haben Sie eine Grundlage für das Management Ihrer IH-Abteilung gelegt. In Kapitel 5 können Sie dieser Grundlage noch den letzten Schliff hinzufügen.

4 Grundlagen eines erfolgreichen Servicemanagements

Dieses Kapitel soll Ihnen Ideen zur Entwicklung Ihrer Serviceabteilung liefern. (Wenn Sie IH-Manager sind und Kapitel 3 für Ihre Abteilung durchgearbeitet haben, dann können Sie also dieses Kapitel überspringen.)

Es werden Ihnen eine Reihe von Entscheidungsfragen gestellt. Können Sie eine Frage nicht mit „ja" beantworten, dann haben Sie einen Ansatzpunkt für Weiterentwicklungen gefunden. Sie können sich dann überlegen, warum an dieser Stelle Ihre Abteilung so ist, wie sie ist, und ob sie dies ändern wollen (und wenn nein, warum nicht). Sie können die Fragen und Ihre Antworten auch als Diskussionsgrundlage für Verbesserungsvorschläge, Strategiepläne oder Budgetverhandlungen nutzen.

Aufgaben des technischen Kundendienstes

Doch nun sofort in medias res: In Abbildung 25 sehen Sie die klassischen Aufgaben des technischen Kundendienstes. Nimmt Ihre Abteilung diese Aufgaben wahr? Wenn nein, warum nicht?

Hauptaufgaben	Aufgaben	Nehmen Sie diese Aufgabe wahr ?	
		Ja	Nein
Instandhaltungsplanung	Strategieplanung	O	O
	Budgetplanung	O	O
	Personalplanung	O	O
	Betriebsmittelplanung	O	O
	Werkstättenplanung	O	O
	Materialplanung	O	O
	Arbeitsplanerstellung	O	O
Instandhaltungssteuerung	Auftragsterminierung	O	O
	Materialdisposition	O	O
	Termin- und Kapazitätsplanung	O	O
	Kostenplanung	O	O
	Auftragsveranlassung	O	O
	Auftragsüberwachung	O	O
	Auftragsrückmeldung	O	O
Instandhaltungsanalyse	Auftragsabweichungsanalyse	O	O
	Schwachstellenanalyse	O	O
	Schadensursachenanalyse	O	O
Maßnahmendurchführung	Wartung, Inspektion, Instandsetzung, Maßnahmen zur Verbesserung und Optimierung der Anlagen	O	O

Abbildung 25: klassische Aufgaben des technischen Kundendienstes

Teil 1   23

In Abbildung 26 sehen sie die aufbauorganisatorischen Grundformen sowie deren Vor- und   Aufbauorganisation
Nachteile.

	Linien-Organisation	Stab-Linien-Organisation	Matrix-Organisation	Projekt-Organisation
Vorteile	straffer Aufbau der Organisation	Möglichkeit zur Spezialisierung in Stabsstellen	schwer zu koordinierende komplexe Organisationen können in überschaubare Einheiten aufgeteilt werden	Zusammenführung und Koordinierung aller an einem Projekt beteiligten Stellen
	klare Regelung von Anordnungsrecht und Verantwortung	Entlastung der oberen Instanzen durch die Stabsstellen	Entlastung der oberen Entscheidungsgremien	sehr flexibel
				Heranziehen von Experten möglich
Nachteile	langwierige und umständliche Befehlswege	schwierige Abgrenzung von Aufgaben- und Verantwortungsbereich	Konflikte infolge der Doppelunterstellungen	Kompetenzüberschneidungen
	hohe Belastung der oberen Instanzen	zeitliche und sachliche Koordinationsprobleme zwischen Stab und Linie	hoher Organisationsaufwand (z.B. für die Koordinierung)	Konflikte durch Herauslösen und Wiedereingliedern von Projektmitarbeitern aus ihrer Funktion
		Auslastungsprobleme der Stabsstellen		

Abbildung 26: Aufbauorganisatorische Grundformen

Überlegen Sie sich, welcher Grundform Ihr Unternehmen am ehesten entspricht, und welche Rolle Ihre Abteilung in dieser Organisation hat. Gehen Sie die Vor- bzw. die Nachteile dieser Organisationsform Punkt für Punkt durch. Spüren Sie in der täglichen Arbeit die Vorteile der spezifischen Organisationsform Ihres Unternehmens? Wenn nein, warum nicht?

Sind Ihnen die Nachteile Ihrer spezifischen Organisationsform schon einmal aufgefallen? Wie können Sie in Zukunft damit umgehen?

Welcher aufbauorganisatorischen Grundform entspricht die interne Organisation ihrer Abteilung? Nutzen Sie aktiv die Vorteile? Sind Sie sich der Nachteile bewusst? Haben Sie Strategien, um die Nachteile gering zu halten?

„Der Kunde ist nicht bereit für Serviceleistungen zu bezahlen". Dieser Satz stimmt heute nicht mehr   Service als profitables
(siehe auch Seite 4/5). Im Gegenteil, der direkte Beitrag des Service zum Unternehmensergebnis   Geschäftsfeld
wird immer wichtiger. Es ist an der Zeit diese Tatsache ernst zu nehmen und entsprechend zu handeln.

Hat in Ihrem Unternehmen der Service eine klare Gewinnausrichtung?

Wird in Ihrem Unternehmen der Service als Wettbewerbsinstrument genutzt?

Es bietet sich an, die Serviceabteilungen als „Profit-Center" zu führen.

Folgende Vorteile sind davon zu erwarten:

- Genaue Kontrolle der Aufwendungen und Erlöse von Serviceleistungen. Für Hersteller bedeutet dies, dass die entstehenden Kosten nicht mehr in den Herstellkosten, die Service-Einnahmen nicht mehr im allgemeinen Vertriebsergebnis „untergehen";

- Zwang zur Preiskalkulation; Vertrieb und Händler erfahren, was Ersatzteile, andere industrielle Dienstleistungen und insbesondere der Arbeitseinsatz von Spezialisten wirklich kostet. Für Hersteller bringt dies echte Wettbewerbsvergleiche, Anregungen zur Steigerung der Produktivität, zur Optimierung von Produktionsprozessen, zur Kostensenkung, ggf. zur Aufgabe serviceintensiver Produkte;

- Entwicklung markt- und servicegerechter Erzeugnisse; der Service wird zum eigenständigen „Produkt" und damit „wettbewerbsfähig";

- Kunden spüren die zusätzlichen Kosten; sie stellen sich die Frage, ob die Inanspruchnahme von Serviceleistungen wirklich erforderlich ist; bewussterer Umgang mit kostenintensiven Serviceleistungen ist die Folge;

- Delegation von Verantwortung und Entscheidungsbefugnis gemäß den am Markt gewonnen Erkenntnissen; im Unternehmen entsteht eine Rangfolge der Produkte nach ihrem Deckungsbeitrag über direkte Herstell-, Vertriebs- und Service-Kosten;

- Entwicklung neuer Entlohnungsmodelle, einerseits für den Erfolg einzelner Servicemitarbeiter bzw. -teams, andererseits für die Entwicklung von Produkten mit geringem Serviceaufwand.

Wird Ihre Serviceabteilung als Profit-Center geführt?

Machen Sie Vor- und Nachkalkulationen der Serviceeinsätze?

Vergleichen Sie Vor- und Nachkalkulation und können Sie so Servicekosten planen?

Serviceplanung Um Servicekosten planen zu können sind neben Erfahrungswerten auch Arbeitspläne notwendig, welche die einzelnen Kostenverursacher eines Serviceeinsatzes aufschlüsseln.

Haben Sie Arbeitsplänen für die in Ihrem Bereich anfallenden Arbeiten?

Enthalten diese Arbeitspläne

- die Arbeitsablaufplanung;

- eine Ermittlung der Durchführungszeit;

- die Bestimmung der benötigten personellen Ressourcen;

- die Bestimmung der benötigten Materialressourcen;

- die Auswahl der benötigten Betriebsmittel?

Die Planung von Servicearbeiten ist kein einfaches Problem, da viele Serviceeinsätze überraschend auftreten. Trotzdem ist die Planung möglich, wenn genügend Ressourcen für diese Feuerwehreinsätze zur Verfügung stehen.

Planen Sie die Servicearbeiten in einer Periode?

Kommen Sie mit den Plänen zurecht?

Ist Ihre Serviceabteilung im großen und ganzen gleichmäßig ausgelastet?

Pläne sind dazu da, umgestellt zu werden, wenn etwas Unvorhergesehenes auftritt. Hierzu ist der Überblick über die aktuelle Situation notwendig.

Können Sie sich jederzeit sofort darüber informieren

- ob alle laufenden Aufträge im Terminplan sind;

- wie stark die Abteilung belastet ist;

- wie die aktuelle Auftragssituation der Abteilung ist?

Obwohl jede Anlagenstörung neue Aufträge für den Service bringt, ist es langfristig besser, Fehler nachhaltig zu beseitigen. Dies vermindert die Garantiekosten und erhöht die Kundenbindung.

Nachbereitung der Serviceeinsätze

Analysieren Sie Ihre Serviceeinsätze auf Konstruktionsfehler?

Analysieren Sie Ihre Serviceeinsätze auf Schwachstellen in den Anlagen?

Wenn davon die Rede ist, dass der Service eine immer größere Rolle beim Unternehmensergebnis spielt, so ist damit nicht nur der Technische Kundendienst gemeint, sondern alle Dienstleistungen, die dem Kunden verkauft werden. Um herauszufinden, welche Dienstleistungen vom Kunden gewünscht und vom Unternehmen angeboten werden können und um diese Dienstleistungen zu verkaufen, ist eine enge Zusammenarbeit zwischen Kundendienstabteilung und Vertrieb notwendig. So kann beispielsweise der direkte Kundenkontakt, den die Servicemitarbeiter pflegen, bei entsprechender Schulung zum Vertrieb neuartiger Dienstleistungen genutzt werden. Auf der anderen Seite müssen Vertriebsmitarbeiter die vom Unternehmen angebotenen Servicepakete sehr gut kennen, um sie als Verkaufsargument oder als zu verkaufendes Produkt nutzen zu können.

Dienstleistungsangebot

Gibt es in Ihrem Unternehmen einen regelmäßigen Informationsaustausch zwischen Serviceaußendienst und Vertrieb?

Der Kunde kann nur Dienstleistungen kaufen, die ihm auch angeboten werden. Bei der Entwicklung von Dienstleistungsprodukten ist der richtige Riecher und Phantasie notwendig. Dabei ist es sinnvoll, über den abgegrenzten Bereich des technischen Kundendienstes hinauszuschauen:

- bieten Sie Dienstleistungsprogramme schon in der Pre-Sales-Phase an? (z.B. Kooperation bei der Produktentwicklung oder Produktkonfiguration)

- bieten Sie Dienstleistungsprogramme während des Produktionsprozesses an? (z.B. kontinuierlichen Erfahrungsaustausch mit den Anwendern oder Teleservice)

- bieten Sie Dienstleistungsprogramme bei der Entsorgung ausgemusterter Maschinen und Anlagen an? (z.B. Second-Hand-Markt oder Verschrottung)

- haben Sie ein umfassendes Schulungs- und Betreuungsangebot?

In Abbildung 27 sind einige der Leistungen des Service dargestellt sowie die Möglichkeit, diese Leistungen durch Informationssysteme zu unterstützen.

Service		
Vertrieb	**Technischer Support**	**Tele-Operations**
• Systemplanung • Angebotsbearbeitung • Auftragsbearbeitung • Auskunft, Information • Werbung • Gebrauchtmaschinen • Beratung	• Inbetriebnahme • Inspektion • Wartung • Diagnose • Instandsetzung • Ersatzteilversorgung	• Prozessdiagnose • Prozessüberwachung • Prozessführung • Prozessoptimierung • Online-Operations • Fernprogrammierung • Simulation

Telefon   Internet/Intranet   Video-Überwachung
Bildtelefon   Informationsdienste   Fernbedienung

Quelle: Westkämper, E. / Stender, S. / Hirschmann, J. (b), Nutzung moderner Informations- und Kommunikationstechniken zur Steigerung der Wettbewerbsfähigkeit des Maschinenbaus; http://www.maschinenbau-service.de/teleservice/main/public/teleservice/allgemein.html; S.1f

Abbildung 27: Leistungsangebot

Kundendatenbank

Die Tatsache, dass Servicemitarbeiter direkt mit den Kunden in Kontakt kommen, macht den Kundendienst zu einem äußerst sensiblen Bereich. Jeder weiß aus eigener Erfahrung, wie sehr die Kompetenz einer Kundendienst-Hotline zukünftige Investitionsentscheidungen beeinflusst. Wichtigstes Werkzeug beim Umgang mit den Kunden ist die Servicedatenbank. Diese sollte es ermöglichen, sofort umfassenden Einblick zu erhalten, ohne dem Kunden viele Fragen stellen zu müssen. Erlaubt Ihre Datenbank:

- alle aktuellen Kundendaten (Name, Adresse, Zuständigkeit usw.) abzurufen;

- alle mit dem Kunden abgeschlossenen Verträge einzusehen;

- Garantiezeiten sofort zu erkennen;

- Erfahrungen des Kunden mit Betriebsanleitungen usw. festzuhalten?

Auch für das Aufspüren von Fehlerquellen an Sachgütern und für Managemententscheidungen ist die Servicedatenbank die entscheidende Grundlage. Eine Servicedatenbank sollte folgende Daten beinhalten:

- Basisinformationen für Geschäftsleitung und Serviceleitung, z.B. Umsätze, Zahl der Kunden, Umsatz pro Kunde, Anzahl der Servicestellen, Anzahl und Art der Serviceverträge, betreute Kunden pro Servicestelle oder pro Mitarbeiter, Anzahl der Reklamationen;

- kundenbezogene Daten, z.B. Adresse, Zuständigkeit, Anzahl, Neu- oder Stammkunde, Art und Höhe der Umsätze, Standort, Ansprechpartner;

- produktbezogene Daten, z.B. Altersstruktur der betreuten Anlagen, Störungshäufigkeit, durchschnittliche Lebensdauer;

- Daten und Kennzahlen bzgl. Servicequalität, z.B. Servicegrad, durchschnittliche Dauer einer Reparatur, Besuchshäufigkeit, Anzahl der Zweitfahrten;

- Daten und Kennzahlen des Ersatzteilwesens, z.B. Lieferbereitschaft, Reichweite von Ersatzteilbestellungen, Umschlagshäufigkeit, Art und Anzahl von Reklamationen;

- Produktivitätsdaten und -kennzahlen, z.B. für Vergleiche zwischen Servicestellen, Mitarbeitern, Produkten;

- Kostendaten, z.B. fixe und variable Kosten, Personal- und Sachkosten, Aufwand je Serviceauftrag, produktive Zeiten pro Mitarbeiter;

- Erfolgsorientierte Daten, z.B. Umsatz, Deckungsbeitrag, break-even-point je Servicestelle, je MA, je Auftrag, je Servicepaket, ROI;

- Mitarbeiterbezogene Daten, z.B. Personalbedarf, Qualifikation, Auslastungsgrad, Verfügbarkeit.

Durch die Verwendung von Standard-Servicefällen kann die Arbeit von Serviceabteilungen erheblich rationeller gestaltet werden. 55% der von uns befragten Unternehmen nutzten diese Möglichkeit nicht. Die Unternehmen, die sie nutzen, können bis über 90% ihrer Servicefälle durch Standardverfahren abdecken. Voraussetzung für die Identifikation und Definition der Standardservicefälle ist eine exzellente Dokumentation der geleisteten Servicearbeiten.

Standard-Servicefälle

Werden bei Ihnen Standardmäßig Störungsprotokolle erstellt?

Werden in diesen Protokollen explizit Symptom, Ursache und Lösung angegeben?

Arbeitet Ihre Abteilung mit Standard-Servicefällen?

Eine weitere wichtige Möglichkeit, die Arbeit der Serviceabteilung produktiver zu gestalten ist die servicegerechte Konstruktion. Hierzu ist die enge Zusammenarbeit zwischen Serviceabteilung und Entwicklungsabteilung notwendig.

Servicegerechte Konstruktion

Gibt es in Ihrem Unternehmen einen regelmäßigen Informationsaustausch zwischen Service und Entwicklungabteilung?

Wird die Servicefreundlichkeit Ihrer Produkte geprüft bezüglich

- Kennzeichnung

- Zugänglichkeit

- Austauschbarkeit

- Inspizierbarkeit

- einfache Wartung

- Reparaturfähigkeit

- Standardisierung

- Transport- und Lagerfähigkeit

- Arbeitssicherheit für das Servicepersonal?

Wenn Sie dieses Kapitel durchgearbeitet haben, haben Sie eine Grundlage für das Management Ihrer Serviceabteilung gelegt. In Kapitel 6 können Sie dieser Grundlage noch den letzten Schliff hinzufügen.

5 Exzellentes und zeitgemäßes Instandhaltungsmanagement

Im Laufe der Befragung, die diesem Buch zugrunde liegt, zeichnete sich für uns ein Bild der Details ab, die eine hervorragende Instandhaltung ausmachen. Das folgende Kapitel dient dazu, Ihre Abteilung bezüglich dieser Details mit dem Stand der Praxis zu vergleichen. (Servicemanager können dieses Kapitel überspringen und in Kapitel 6 weiterlesen.)

Die hier angesprochenen Themen sind Ihnen zum Teil bereits aus Kapitel 2 bekannt.

Verfügbarkeit und Produktivität

Ein sehr wirkungsvolles Mittel, die Verfügbarkeit oder besser gesagt die Produktivität einer Anlage zu steigern ist die Koordination der Wartungs- und Inspektionszeiten mit geplanten Stillständen (Nebenzeiten). Abbildung 1 zeigt, dass ein großer Teil der Unternehmen diese Möglichkeit sehr erfolgreich nutzt, ein erstaunlich großer Teil aber auch von der Möglichkeit überhaupt keinen Gebrauch macht. Abbildung 28 zeigt eine Tabelle, deren Felder mit „ja" oder „nein" ausgefüllt werden können. Ziel sollte sein, alle Felder mit „ja" beantworten zu können.

	Wartung		Inspektion	
	Ja	Nein	Ja	Nein
...wird mit geplanten Stillständen koordiniert ?	O	O	O	O
...wird so gut koordiniert, dass keine zusätzlichen Stillstände dafür notwendig sind ?	O	O	O	O

Abbildung 28: Checkliste Verfügbarkeit und Produktivität

Budgetierung

Um die Instandhaltung effizienter zu machen, ist eine Zielvorgabe und die Steuerung gemäß Vorgabe notwendig. Diese wird durch Instandhaltungsbudgets und Soll-Ist-Vergleiche der Instandhaltungskosten realisiert. Da alle Mitarbeiter am Abteilungsergebnis beteiligt sind, ist es wichtig, dass die aktuellen Ergebnisse dieser Soll-Ist-Vergleiche abteilungsweit bekannt sind. Neben der Abteilung selbst haben auch die Maschinenbediener eine Schlüsselrolle für die Effizenz der Instandhaltungsabteilung. Die Budgetierung der Instandhaltungskosten je Anlage kann - sofern die Ergebnisse der Soll-Ist-Vergleiche den Maschinenbedienern mitgeteilt werden - bei diesen eine Verhaltensänderung bewirken und die Notwendigkeit von Instandhaltungseinsätzen verringern. Inwiefern Soll-Ist-Vergleiche, die anlagenspezifische Budgetierung und die Information der Maschinenbediener in den Unternehmen verbreitet sind, zeigen Abbildung 2, Abbildung 3 und Abbildung 4. Für die Einschätzung der eigenen Abteilung können Sie den 7-Stufen-Plan in Abbildung 29 nützen.

	IH-Budget-Stufen	O.K.
Stufe 1	Soll-Ist-Vergleiche bezüglich der IH-Kosten werden angestellt	O
Stufe 2	aktuelle Ergebnisse der Vergleiche sind den IH-Mitarbeitern bekannt	O
Stufe 3	Anlagenbezogene Budgets erlauben die Identifikation IH-intensiver Anlagen	O
Stufe 4	die Maschinenbediener kennen Soll und Ist des IH-Budgets ihrer Anlage	O
Stufe 5	die Entwicklung der Soll- und Ist-Werte über einen längeren Zeitraum ist bekannt	O
Stufe 6	Steuerungsmaßnahmen zur Angleichung der Ist-Werte an die Soll-Werte werden ergriffen	O
Stufe 7	die Auswirkungen früherer Steuerungsmaßnahmen sind deutlich; bei der Budgetsteuerung kann auf Erfahrungen zurückgegriffen werden	O

Abbildung 29: Checkliste Budgetierung

TPM

Total Productive Maintenance (TPM) ist für viele Unternehmen bereits betriebliche Praxis (Abbildung 7). Eines der Elemente, aus denen TPM besteht, ist bereits sehr lange bekannt: der kontinuierliche Verbesserungsprozess (KVP). Im Grunde genommen ist ein KVP nichts anderes als ein funktionierendes betriebliches Vorschlagswesen, also nichts wirklich Neues. Doch funktioniert Ihr Vorschlagswesen tatsächlich? Oftmals existiert der formale Prozess, aber dennoch sind die Vorschläge eher selten, was z.B. auf fehlende Motivation seitens der Mitarbeiter zurückzuführen ist. Dies kann zum Beispiel an der Intransparenz der Prozesse liegen: Ein Mitarbeiter gibt einen Vorschlag ab und hört zunächst lange Zeit nichts mehr davon. Es fehlt die Rückmeldung; Frustration und Desinteresse seitens der Mitarbeiter sind die Folge. Eine Checkliste zur Funktion des KVP finden Sie in Abbildung 30.

Kontinuierlicher Verbesserungsprozess	O.K.
Mitarbeiter kennen formalen Prozess des betrieblichen Vorschlagswesens	O
Mitarbeiter erhalten auf Eingaben sofort Feedback	O
Mitarbeiter können sich über den Status ihrer Eingabe informieren	O
Betrieb hat Erfolgstorys aus dem betrieblichen Vorschlagswesen vorzuweisen	O
Mitarbeiter erhalten angemessene Prämien für erfolgreiche Eingaben	O
Mitarbeiter äußern sich zufrieden über betriebliches Vorschlagswesen	O
Anzahl der Eingaben steigt	O

Abbildung 30: Checkliste KVP

Wenn Sie alle Punkte abhaken können, steht das Element KVP des TPM auf einer sicheren Grundlage. Inwiefern ein funktionierender KVP Stand der Praxis ist, können Sie Abbildung 8 und Abbildung 9 entnehmen.

Ein weiteres wichtiges Element des TPM ist die Idee, Instandhaltungstätigkeiten möglichst schon vom Maschinenbediener durchführen zu lassen (Abbildung 10). Der Maschinenbediener ist meist der erste, der die Störungen erkennt und kann am schnellsten reagieren (Abbildung 11). In Abbildung 31 können Sie feststellen, wie viele der Wartungsfälle von den Maschinenbedienern erkannt und wie viele auch tatsächlich durchgeführt werden. Ein Eintrag auf der Diagonalen bedeutet eine maximale Integration des Maschinenbedieners, ein Eintrag unterhalb der Diagonalen heißt, dass es Fälle gibt, die vom Maschinenbediener erkannt, aber nicht behoben werden können. Eventuell weist dies auf ein Qualifikationsdefizit hin. Je weiter rechts der Eintrag ist, desto mehr Störungsfälle können vom Maschinenbediener überhaupt erkannt werden. Einträge, die weit links stehen sind ein Zeichen dafür, dass der Produktionsprozess für den Maschinenbediener nicht transparent ist. Die schwarzen Punkte stellen typische Ergebnisse der Untersuchung dar.

autonome Instandhaltung

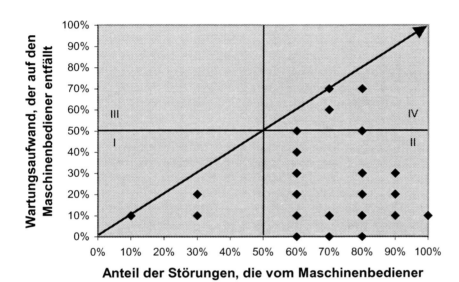

Abbildung 31: Integration des Maschinenbedieners in den Wartungsprozess

Die Einbeziehung der Maschinenbediener in den Instandhaltungsprozess ist nur möglich, wenn diese eine entsprechende Qualifikation besitzen. Die Qualifikation muss nicht nur fachlicher Natur sein, sondern erstreckt sich auch auf soziale Elemente. Sowohl fachliche als auch soziale Kompetenz ist erforderlich, um eine Maschinenstörung korrekt und verständlich beschreiben zu können. Es gibt Unternehmen, in denen dies für die Maschinenbediener nur bei 10% der Störfälle möglich ist (schlechtester Wert), in anderen Unternehmen klappt die Kommunikation bei Störungen in 90% der Fälle (bester Wert). Der Durchschnitt liegt bei 37%.

Qualifikation

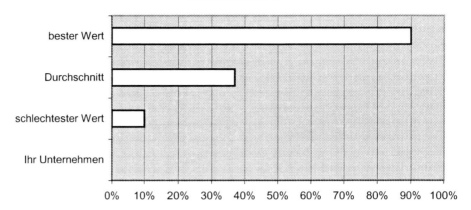

In wieviel Prozent der Fälle kann der Maschinenbediener alleine die Störung korrekt beschreiben ?

Abbildung 32: Störungsbeschreibung durch den Maschinenbediener

In Abbildung 32 können Sie Ihr eigenes Unternehmen einordnen. Zum Stand der Praxis siehe Abbildung 12.

Doch auch die fachliche Qualifikation besteht aus verschiedenen Komponenten. Für die Reparatur einer Maschine in einer verketteten Anlage ist nicht nur Wissen über diese Maschine notwendig, sondern auch Wissen über die Gesamtanlage (Systemwissen), die Werkzeuge (Werkzeugwissen) und allgemeines Wissen über das Vorgehen bei Reparaturen (Reparaturwissen). Immer mehr werden Computerkenntnisse notwendig, sei es für den Umgang mit Maschinensteuerungen, die Dokumentation von Arbeitsvorgängen oder für andere Tätigkeiten. In Abbildung 13 sehen Sie, wie das Wissen der Maschinenbediener bei den Unternehmen gewichtet ist. Den Stand Ihres eigenen Unternehmens können Sie in Abbildung 33 feststellen.

	Ja	Nein
Systemwissen	O	O
Maschinenwissen	O	O
Reparaturwissen	O	O
Werkzeugwissen	O	O
Computerumgang	O	O

Abbildung 33: Checkliste Mitarbeiterqualifikation

Der Anteil der Arbeitszeit der IH-Abteilung, der für die Fähigkeitsschulung der Maschinenbediener aufgewendet wird, schwankt zwischen 20% (bester Wert) und 0% (schlechtester Wert). Der Durchschnitt ist 4,5%. Wie hoch liegt dieser Wert bei Ihnen?

Teil 1   33

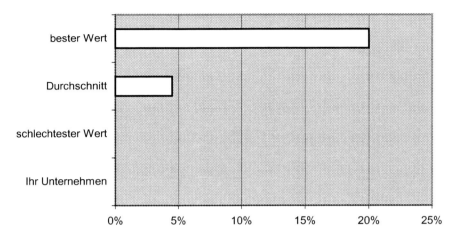

Abbildung 34: Fähigkeitsschulung der Maschinenbediener

Ein drittes wichtiges Standbein des TPM ist das Anlagenmanagement. Dieses hat zum Ziel, durch nachhaltige Verbesserungen der Anlage ihre Instandhaltungsfreundlichkeit zu steigern. Das Anlagenmanagement fußt auf zwei Grundlagen: Dokumentation der Störfälle bzw. Reparaturen und Kommunikation zwischen Anlagenbetreiber und Maschinenhersteller. Die Dokumentation dient dazu, Wissen über das Anlageverhalten und den aktuellen Zustand der Anlage im Hinblick auf Störungen, Störungsursachen und Störungsbehebung festzuhalten. Die Kommunikation ist notwendig, da nachhaltige Verbesserungen nur erzielt werden können, wenn sowohl das Wissen des Maschinenherstellers in die Lösungsfindung eingeht als auch die Erfahrungen des Betreibers mit der Anlage vom Maschinenhersteller für Konstruktionsverbesserungen und Modernisierungen genutzt werden können. Inwieweit diese Grundlagen für das Anlagenmanagement bereits Stand der Praxis sind, zeigen Abbildung 15 und Abbildung 16. Den Zustand ihrer eigenen Abteilung können Sie über den 5-Stufen-Plan (Abbildung 35) und die Kommunikationscheckliste (Abbildung 36) feststellen.

Anlagenmanagement

	5-Stufen-Plan	O.K.
Stufe 1	aussagekräftige Protokolle über Instandhaltungseinsätze existieren	O
Stufe 2	Protokolle werden für die Arbeitsvorbereitung anderer Störfälle konsultiert	O
Stufe 3	Protokolle werden für Analysen von Anlagenschwachstellen genutzt	O
Stufe 4	Protokolle werden für die Analysen von Konstruktionsfehlern genutzt	O
Stufe 5	Protokolle werden an den Maschinenhersteller weitergeleitet	O

Abbildung 35: Checkliste Dokumentation

Austausch mit dem Maschinenhersteller besteht	O.K.
- bei allen Störfällen	O
- bei Anpassungen des Inspektionsplanes	O
- bei Anpassungen des Wartungsplanes	O
- bei Ergänzungen zur Maschinendokumentation	O

Abbildung 36: Checkliste Kommunikation

Reaktive Instandhaltung vs. vorbeugende Instandhaltung

Regelmäßige Inspektionen und Wartungen haben den Zweck, Feuerwehreinsätze durch rechtzeitiges Auffüllen des Abnutzungsvorrates zu vermeiden und so die Instandhaltung planbarer zu machen. In Abbildung 37 können Sie ihr Unternehmen in jeweils einen der vier Quadranten einordnen.

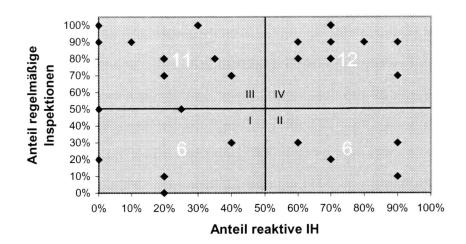

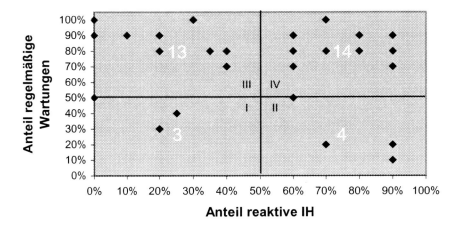

Abbildung 37: Vorbeugende vs. Reaktive Instandhaltung

Die X-Achse ist der Anteil der Instandhaltungseinsätze, die ungeplant, also Feuerwehreinsätze sind, die Y-Achse ist der Anteil der Instandhaltungsobjekte, an denen regelmäßige Inspektionen bzw. Wartungen durchgeführt werden. Die Zahlen in den Quadranten geben an, wie viele der befragten Unternehmen sich jeweils in diesem Quadranten befanden.

Quadrant I bedeutet, dass die Unternehmen wenig vorbeugende Maßnahmen durchführen, aber auch wenig Feuerwehreinsätze fahren müssen, diese Unternehmen verfügen über robuste Anlagen. Unternehmen aus Quadrant II unternehmen wenig zur Vermeidung von Feuerwehreinsätzen und müssen deswegen viele ungeplante Einsätze durchführen. Hier stellt sich die Frage, ob diese Strategie wirtschaftlich ist. Unternehmen aus Quadrant III halten die Anzahl der Feuerwehreinsätze durch Vorbeugung niedrig und Unternehmen aus Quadrant IV können trotz Vorbeugung die Anzahl der Feuerwehreinsätze nicht niedrig halten; hier haben wir es mit Anlagen zu tun, bei denen die vorbeugenden Maßnahmen nicht richtig greifen. Dies kann an der Natur der Anlagen liegen oder aber daran, dass nicht die richtigen Maßnahmen ergriffen werden.

Ein Schlüsselfaktor für die Arbeitseffizienz ist die funktionierende Kommunikation. In der „Kommunikationsspinne" (Abbildung 38) können Sie das Kommunikationspotenzial Ihrer Abteilung mit einigen der besten und einem der schlechtesten Umfrageergebnisse unserer Befragung vergleichen.

Kommunikation

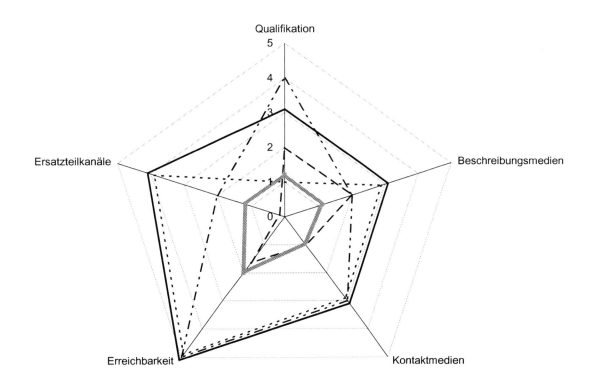

Abbildung 38: Kommunikationsspinne

Die Spinne ist folgendermaßen aufgebaut:

Achse	zugrundeliegende Fragestellung	Antwortmöglichkeiten
1) Qualifikation	Über welche Qualifikationen verfügen die Mitarbeiter der Produktion?	Systemwissen, Maschinenwissen, Reparaturwissen, Werkzeugwissen, Computerumgang
2) Kontaktmedien	Mit Hilfe welcher Medien kommt der Kontakt zustande?	Hauspost (IH), Telefon, Fax, E-Mail, Internet/Intranet, Video/Audio-Konferenz (S)
3) Beschreibungsmedien	Welche Medien stehen Maschinebediener/Meister bzw. dem Kunden zur Verfügung, die Störung zu beschreiben?	Sprache, Text, Bild (Foto), Ton, Video
4) Ersatzteilkanäle	Über welche Kanäle können Ersatzteile angefordert werden?	Auftragszettel, Telefon, Fax, E-Mail, Internet/Intranet
5) Erreichbarkeit	Zu welchen Zeiten ist die IH- bzw. Serviceabteilung in der Lage, eine Störungsmeldung entgegenzunehmen?	Werktags von/bis, Wochenende von/bis

Berechnung der Gesamtpunktzahl:

Achse 1-4: Jede angekreuzte Antwortmöglichkeit ergibt einen Punkt, d.h. es ist jeweils ein Maximum von 5 Punkten pro Achse möglich.

Achse 5: Die Erreichbarkeit war in Stunden angegeben. Als Maximalwert dient eine 24h Bereitschaft, d.h. max. 168 Stunden pro Woche. Die Gesamtstundenzahl wurde auf das Intervall 0-5 normiert.

Die Summe über alle Achsen hinweg ergibt die Gesamtpunktzahl; d.h. maximal zu erreichende Punktzahl =25.

Dargestellt sind zwei der besten Umfrageergebnisse (18 Punkte), ein gutes Ergebnis (16 Punkte) und eines der schlechtesten Umfrageergebnisse (6,48 Punkte) sowie der Gesamtdurchschnitt aller Rückmeldungen.

In diesem Kapitel wurden die Aspekte der Instandhaltungsorganisation behandelt, die wir aufgrund unserer Untersuchung im Augenblick für die wichtigsten halten. Wir hoffen, dass Sie aus der Lektüre Anregungen schöpfen konnten, die zum Erfolg Ihrer Abteilung und Ihres Unternehmens beitragen.

6 Exzellentes und zeitgemäßes Servicemanagement

Im Laufe der Befragung, die diesem Buch zugrunde liegt, zeichnete sich für uns ein Bild der Details ab, die eine hervorragende Serviceabteilung ausmachen. Das folgende Kapitel dient dazu, Ihre Abteilung bezüglich dieser Details mit dem Stand der Praxis zu vergleichen.

Die Zeit, in welcher der Service noch Kundendienst hieß und die einzige Aufgabe hatte, Maschinen zu reparieren, ist vorbei. In manchen Firmen ist der Service bereits die entscheidende Marketinggröße geworden. Dies bezieht sich nicht nur auf die enorme Kundenwirkung des Service und den Wettbewerbsvorteil, den attraktive Dienstleistungsangebote den Maschinen- und Anlagenbauunternehmen bringen, sondern auch auf den durch den Service erwirtschafteten Ertrag. In einer früheren Untersuchung gaben 20% der Unternehmen an, dass der jeweilige Deckungsbeitrag durch Produktverkauf und Service gleichbedeutend ist, 16% erwirtschaften durch den Service sogar mehr als durch den Produktverkauf (Abbildung 39).

Deckungsbeitrag durch Service

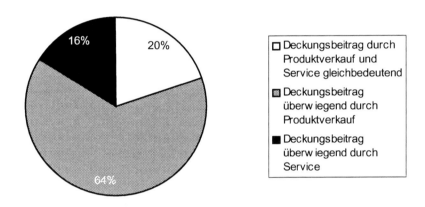

Quelle: Westkämper, E. / Stender, S. / Hirschmann, J.: Nutzung moderner Informations- und Kommunikationstechniken zur Steigerung der Wettbewerbsfähigkeit des Maschinenbaus; http://www.maschinenbau-service.de/teleservice/main/public/teleservice/allgemein.html.

Abbildung 39: Erwirtschaftung des Deckungsbeitrags

So ist heute auch der Standpunkt nicht mehr haltbar, dass die Kunden nicht bereit sind, für Service zu bezahlen (Abbildung 5). In Abbildung 40 sind einige Möglichkeiten für Serviceangebote aufgelistet.

Welche dieser Dienstleistungen liefern Sie Ihren Kunden bereits kostenpflichtig?

Dienstleistungen - wie zum Beispiel die Beratung oder die Ersatzteilbestellung – lassen sich über das Internet durch einen automatisierten Kanal ergänzen. Eine komplette Automatisierung von Dienstleistungen ist zum Beispiel bei Steuerungs-Updates oder Simulationen denkbar. Abbildung 40 dient zur Prüfung, welche Dienstleistungen bei Ihnen für Standardisierung oder Automatisierung in Frage kommen. In Abbildung 17 sehen sie, welche elektronischen Dienstleistungen Ihre Kunden wünschen.

Rationalisierung durch Standardisierung und Automatisierung

	Angebot	überhaupt angeboten?	kostenfrei	kostenpflichtig	standardisierbar	teilautomatisierbar	komplett automatisierbar
Anlagenplanung und Aufbau	Information, Auskunft	O	O	O	O	O	O
	Systemplanung	O	O	O	O	O	O
	Beratung	O	O	O	O	O	O
	Gebrauchtmaschinen	O	O	O	O	O	O
	Inbetriebnahme	O	O	O	O	O	O
Anlagenbetrieb	Angebotsbearbeitung	O	O	O	O	O	O
	Auftragsbearbeitung	O	O	O	O	O	O
	Inspektion	O	O	O	O	O	O
	Wartung	O	O	O	O	O	O
	Instandsetzung	O	O	O	O	O	O
	Ersatzteilversorgung	O	O	O	O	O	O
	Prozessdiagnose	O	O	O	O	O	O
	Prozessüberwachung	O	O	O	O	O	O
	Prozessführung	O	O	O	O	O	O
	Prozessoptimierung	O	O	O	O	O	O
	Online-Steuerungsupdate	O	O	O	O	O	O
	Simulation	O	O	O	O	O	O
	Schulung	O	O	O	O	O	O
	Beratung	O	O	O	O	O	O
	Personalstellung	O	O	O	O	O	O
	Betreiben einer kompletten Anlage	O	O	O	O	O	O
Anlagenausbau	Modernisierung	O	O	O	O	O	O
	Generalüberholung	O	O	O	O	O	O
	Umbau	O	O	O	O	O	O
	Programmerweiterung	O	O	O	O	O	O

Abbildung 40: Checkliste Serviceangebote

Teil 1

Viele der angesprochenen Dienstleistungen lassen sich also standardisieren oder sogar automatisieren. So können zum Beispiel viele Reparaturfälle als Standard-Reparaturfall erkannt werden, was es ermöglicht, alle begleitenden Prozesse (Planung, Ausrüstung, Rechnungsstellung usw.) auf Knopfdruck ablaufen zu lassen. In der Praxis geben viele Unternehmen an, dass dies bei über 50% der Servicefälle möglich sei. (Abbildung 41; man beachte, dass der Wert nicht nur von der Störfallart, sondern auch von der Qualität der Dokumentation abhängt! Der freie Balken ist für Ihr Unternehmen reserviert).

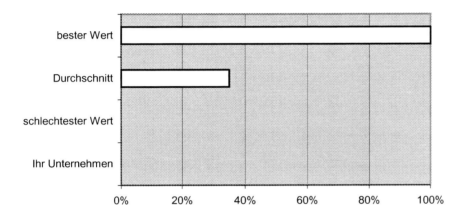

Abbildung 41: bereits dokumentierte Störfälle

In eine ähnliche Richtung geht die Produktivitätssteigerung des Service durch Teleservice. Um Teleservice wirkungsvoll einsetzen zu können, sind bestimmte Voraussetzungen notwendig. Diese können sie in Abbildung 42 für Ihr Unternehmen untersuchen.

Teleservice

Voraussetzung	O.K.
Ausstattung der Maschinen mit Komponenten, die Steuerungs- und Sensorfunktionen übernehmen können	O
Hard- und Software beim Hersteller und Kunden vorhanden	O
Notwendiges Expertenwissen in einer Wissensdatenbank mit Online-Zugriff gespeichert	O
Mitarbeit des Kunden	O
speziell ausgebildete Servicetechniker	O

Abbildung 42: Checkliste Teleservicevoraussetzungen

Inwieweit Sie durch Teleservice Einsparungen erwarten dürfen, können Sie Abbildung 43 entnehmen.

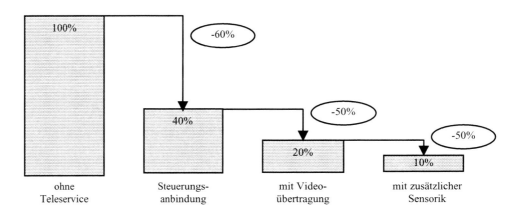

Quelle: Wieland, J.: Fernunterstützung für Produktion und Instandhaltung; in: Handelsblatt 3.6.1998, S.2.
Abbildung 43: Einsparungsmöglichkeiten durch Teleservice

Ausrüstung der Servicetechniker

Wenn Teleservice unmöglich ist, kommen Servicetechniker zum Einsatz. Zu deren Ausrüstung gehört heute normalerweise das Handy; der Laptop wird als Wissensträger und Kommunikationsmittel immer wichtiger, und in sehr naher Zukunft wird das WAP-Handy den Zugriff auf Datenbanken über Funk ermöglichen (Abbildung 44). Doch auch auf einfachere Weise kann die Ausrüstung die Arbeit der Servicetechniker unterstützen. So erleichtern zum Beispiel ein Tonaufzeichnungsgerät, eine Digitalkamera oder eine Videokamera die Dokumentation von Störfällen und Reparaturen erheblich und tragen zudem immens zur Wiederverwendbarkeit der Dokumentation bei.

Ausrüstung Ihrer Servicetechniker	als Ausrüstung vorhanden	als Ausrüstung geplant
Handy	O	O
Laptop	O	O
WAP-Handy	O	O
Tonaufzeichnungsgerät	O	O
Digitalkamera	O	O
Video	O	O

Abbildung 44: Checkliste Ausrüstung der Servicetechniker

Informationsrückfluss

Solch eine Dokumentation kann auch sehr gut zum Austausch von Wissen mit dem Maschinenbetreiber gebraucht werden. Viele Schadensfälle an der Maschine, die vor allem für die Konstruktionsabteilung von Interesse wären, werden Ihnen vom Maschinenbetreiber überhaupt nicht mitgeteilt, da er sie selbst behebt. Der Austausch zwischen Service und Maschinenbetreiber ist von höchstem Interesse für das Unternehmen.

- Erhalten Sie bei allen - auch kleineren Schadensfällen - Mitteilung vom Maschinenbetreiber?

- Leiten Sie die Informationen über Schadensfälle an die Konstruktionsabteilung weiter?

- Haben Ihre Kunden Digitalkameras oder andere Mittel zur multimedialen Dokumentation von Schadensfällen?

Jeder Kanal, über den Ersatzteile bestellt werden können, erhöht die Chance, dass die Bestellung bei Ihnen und nicht bei einer Fremdfirma ankommt. Anhand Abbildung 17 können Sie erkennen, dass die Bestellung über Internet von Ihren Kunden als sehr attraktiv eingeschätzt wird, während Abbildung 18 verdeutlicht, dass dieses Angebot erst bei wenigen Unternehmen besteht. Abbildung 45 ist ein Stufenplan zur Einführung von E-Commerce (genau das ist die Ersatzteilbestellung über Internet nämlich), in den sie den Stand Ihres Unternehmens eintragen können.

Ersatzteile

	Stufenplan zur Einführung von E-Commerce	Stufe erreicht ?
Stufe 1	Online-Präsenz: Einstellung einer Homepage, die einen kurzen Überblick über das Unternehmen und das Dienstleistungsspektrum gibt. Die Motivation besteht in einer Verbesserung des Unternehmensimages durch Präsenz in neuen Medien.	O
Stufe 2	Online-Kommunikation: Die Online-Präsenz wird um die Möglichkeit ergänzt, mit dem Unternehmen direkt über E-Mail in Kontakt zu treten. Die weitere Kommunikation mit dem Kunden erfolgt dann aber meistens außerhalb des Mediums.	O
Stufe 3	Online-Dienstleistungen: Erweiterung des Online-Auftritts um elektronische Dienstleistungen, die dem Kunden eine vereinfachte oder verbesserte Kaufentscheidung ermöglichen und die Kundenbindung erhöhen.	O
Stufe 4	Electronic Commerce: Nutzung aller technischen Möglichkeiten wie z.B. E-Cash, Electronic Billing, Videoconferencing und Agentsysteme zur qualitativ hochwertigen Beratung des Kunden und Abwicklung von Aufträgen. Im Bereich elektronischer Marktplätze existieren bereits firmenindividuelle Ansätze für Konsumgüter.	O

Abbildung 45: Checkliste Einführung von E-Commerce

Erreichbarkeit und Reaktionszeit

Kunden wünschen von Ihnen die ständige Erreichbarkeit. Den Stand der Praxis bei der Erreichbarkeit sehen Sie in Abbildung 46.

Zu welchen Zeiten ist Ihre Serviceabteilung in der Lage, eine Störungsmeldung durch ein Call-Center entgegenzunehmen?

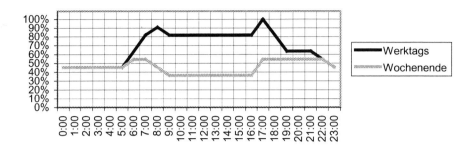

Zu welchen Zeiten ist Ihre Serviceabteilung in der Lage, eine Störungsmeldung durch einen Innendienstmitarbeiter entgegenzunehmen?

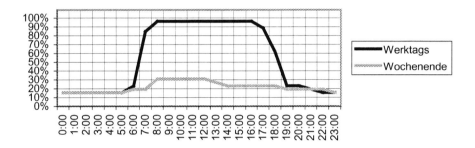

Zu welchen Zeiten ist Ihre Serviceabteilung in der Lage, eine Maßnahme zur Störungsbeseitigung einzuleiten?

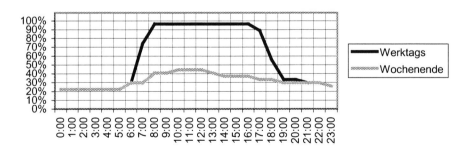

Abbildung 46: Erreichbarkeit und Reaktionsfähigkeit der Serviceabteilung

Aus Abbildung 46 geht hervor, dass Servicebetriebe wochentags zu den üblichen Kernzeiten (8-18 Uhr) jederzeit erreichbar und einsatzfähig. Am Wochenende besteht eine Bereitschaft nur eingeschränkt; hier scheint man sich auf eine „Hotline" via Call-Center zur Entgegennahme der Aufträge zu beschränken und diese nach dem Wochenende abzuarbeiten.

Interessant sind einige Erkenntnisse, die sich aus den obigen Graphiken nicht direkt ablesen lassen: von den 27 befragten Serviceabteilungen verfügen nur 11 über ein Call-Center (davon sind nur 6 auch am Wochenende erreichbar). Die Entgegennahme einer Störungsmeldung durch den Innendienst ist werktags bei 26, am Wochenende nur bei 8 von 27 Unternehmen gewährleistet. Werktags sind alle, am Wochenende nur 12 Unternehmen in der Lage, Maßnahmen zur Störungsbeseitigung einzuleiten. Nur 6 Unternehmen unterhalten also einen 24h-Service.

Die Basis jedes Unternehmens sind die Mitarbeiter. Ein erfolgversprechender Weg, um das Erfahrungspotenzial der Mitarbeiter zu nutzen ist der kontinuierliche Verbesserungsprozess (KVP). Im Grunde genommen ist ein KVP nichts anderes als ein funktionierendes betriebliches Vorschlagswesen, also nichts wirklich neues. Doch funktioniert Ihr Vorschlagswesen tatsächlich? Oftmals existiert der formale Prozess, aber dennoch sind die Vorschläge eher selten, was z.B. auf fehlende Motivation seitens der Mitarbeiter zurückzuführen ist. Dies kann zum Beispiel an der Intransparenz der Prozesse liegen: ein Mitarbeiter gibt einen Vorschlag ab und hört zunächst lange Zeit nichts mehr davon. Es fehlt die Rückmeldung; Frustration und Desinteresse seitens der Mitarbeiter sind die Folge. Eine Checkliste zur Funktion des KVP finden Sie in Abbildung 47.

KVP

Kontinuierlicher Verbesserungsprozess	O.K.
Mitarbeiter kennen formalen Prozess des betrieblichen Vorschlagswesens	O
Mitarbeiter erhalten auf Eingaben sofort Feedback	O
Mitarbeiter können sich über den Status ihrer Eingabe informieren	O
Betrieb hat Erfolgstorys aus dem betrieblichen Vorschlagswesen vorzuweisen	O
Mitarbeiter erhalten angemessene Prämien für erfolgreiche Eingaben	O
Mitarbeiter äußern sich zufrieden über betriebliches Vorschlagswesen	O
Anzahl der Eingaben steigt	O

Abbildung 47: Checkliste KVP

Wenn Sie alle Punkte abhaken können, steht das Element KVP des TPM auf einer sicheren Grundlage. Inwiefern ein funktionierender KVP Stand der Praxis ist, können Sie Abbildung 8 und Abbildung 9 entnehmen.

In diesem Kapitel wurden die Aspekte der Instandhaltungsorganisation behandelt, die wir aufgrund unserer Untersuchung im Augenblick für die wichtigsten halten. Wir hoffen, dass Sie aus der Lektüre Anregungen schöpfen konnten, die zum Erfolg Ihrer Abteilung und Ihres Unternehmens beitragen.

7 Zugrunde liegende Befragung

In den folgenden zwei Kapiteln können Sie sich über die Befragungsergebnisse im einzelnen informieren. Sie finden hier sowohl die Grundlagen der Fragebögen, die Fragebögen selbst, als auch deren komplette Auswertung in Form von graphischen Darstellungen.

Einige Fragen konnten nicht ausgewertet werden, was zum einen daran lag, dass zu den entsprechenden Fragen zu wenige verwertbare Antworten eingingen, andererseits daran, dass entweder die Datenqualität zu wünschen übrig ließ oder diese Frage nur zur Ergänzung einer anderen Frage konzipiert war. Die Überschriften der Graphiken entsprechen den Fragen in den Fragebögen. Des weiteren geben (sofern nichts anderes angegeben ist) die y-Achse bzw. die in den Grafiken angegebenen Werte jeweils die Anzahl der Nennungen wieder. Die Zusätze IH bzw. Service sind immer dann angegeben, wenn eine gemeinsame Auswertung beider Teilbereiche nicht möglich bzw. nicht sinnvoll schien.

7.1 Die Fragebögen

Grundlage der Fragebögen bildeten die in Abbildung 48 dargestellten Untersuchungsbereiche.

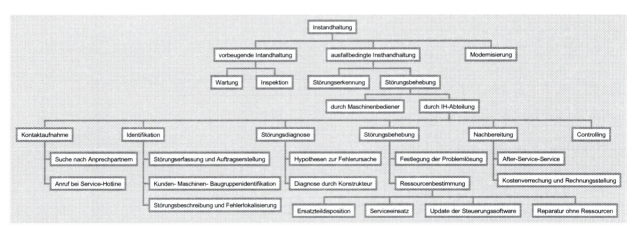

Abbildung 48: Prozessschritte

Insgesamt wurden 126 Fragebogen versandt, davon entfielen auf das Teilgebiet IH 85, auf den Bereich Service 41. Beantwortet und retourniert wurden 62 Fragebogen, davon 35 IH (56%) und 27 Service (44%). Die Rücklaufquote betrug insgesamt 49.2%; der Anteil bei IH 41%, bei Service 66%.

Die Fragebögen können unter folgender Internetadresse heruntergeladen werden:

http://www.vis.iao.fhg.de/vis/vis-de/projects/preserve/index.htm

Benchmarkstudie zu Service- und Instandhaltungsmanagement

Fragebogen (Instandhaltung)

1	**HINWEISE UND DEFINITIONEN**	**1**
1.1	HINWEISE	1
1.2	DEFINITIONEN	1
2	**IHR UNTERNEHMEN**	**3**
2.1	ADRESSE	3
2.2	BRANCHE	3
2.3	PRODUKTIONSTYP	3
2.4	MITARBEITER	3
2.5	WERKSGELÄNDE	4
2.6	ART UND ANZAHL DER INSTANDHALTUNGSOBJEKTE	4
2.7	ORGANISATIONS- UND PERSONALSTRUKTUR	4
2.8	ORGANISATION DER INSTANDHALTUNGSABTEILUNG	5
2.9	EIGEN- ODER FREMDINSTANDHALTUNG	5
2.10	„NEUE" KOMMUNIKATIONSMITTEL	6
3	**INSPEKTION UND WARTUNG**	**7**
3.1	INSPEKTION	7
3.2	WARTUNG	8
4	**AUSFALLBEDINGTE INSTANDSETZUNG**	**10**
4.1	STÖRUNGSERKENNUNG, -BESCHREIBUNG UND -ERFASSUNG	10
4.2	KONTAKTAUFNAHME UND IDENTIFIKATION	11
4.3	STÖRUNGSDIAGNOSE UND STÖRUNGSBEHEBUNG	12
4.4	ERSATZTEILWESEN	14
4.5	NACHBEREITUNG UND DOKUMENTATION	15
5	**MODERNISIERUNG**	**17**
6	**TPM UND KVP**	**18**
7	**EFFEKTIVITÄT UND KENNZAHLEN**	**19**
8	**LETZTE SEITE**	**21**

Benchmarkstudie   Instandhaltung   Hinweise und Definitionen

1 Hinweise und Definitionen

1.1 Hinweise

Sollte bei einer oder mehreren der „multiple choice"- Fragen dieses Fragebogens eine eindeutige Einordnung in Ihrem Falle nicht möglich sein, sind **Mehrfachnennungen möglich**.

Sollten Sie einzelne Fragen nicht beantworten können oder einzelne Sachverhalte auf Ihr Unternehmen nicht zutreffen, bitten wir um **Kennzeichnung** der entsprechenden Frage.

1.2 Definitionen

Um Missverständnisse so weit wie möglich auszuschließen, sollen hier einige **Begriffe kurz definiert** werden.

„Ihr Unternehmen":

In diesem Fragebogen ist darunter diejenige Einheit zu verstehen, für deren Instandhaltung Sie verantwortlich sind (z.B. Gesamtunternehmen / Standort / Werk).

„Anlagen und Maschinen":

In diesem Fragebogen sollen nur diejenigen **Anlagen und Maschinen** betrachtet werden, die **im Produktionsprozess** eingesetzt werden.

In Abgrenzung zu einer Einzelmaschine besteht eine **Anlage** aus **mehreren miteinander verketteten Maschinen**.

„Inspektion":

DIN 31051: „Maßnahmen zur **Feststellung und Beurteilung des Istzustandes** von technischen Mitteln eines Systems".

„Wartung":

DIN 31051: „Maßnahmen zur **Bewahrung des Sollzustandes** von technischen Mitteln eines Systems".

„Instandsetzung":

DIN 31051: „Maßnahmen zur **Wiederherstellung des Sollzustandes** von technischen Mitteln eines Systems".

„Störung/Ausfall":

DIN 31051: „**Unbeabsichtigte Unterbrechung** (bei Störung bereits auch schon Beeinträchtigung) der Funktionserfüllung einer Betrachtungseinheit".

„TPM":

„**T**otal **P**roductive **M**aintenance"

„KVP":

Kontinuierlicher **V**eränderungs**P**rozess

Teil 2

Benchmarkstudie   Instandhaltung   Hinweise und Definitionen

Organigramme der idealtypischen Aufbauorganisationen

Einlinien / Mehrlinien / Stabliniensystem:

Einliniensystem: Grundform eines Leitungssystems, bei der Hierarchisch untergeordnete organisatorische Einheiten Weisungen lediglich von jeweils einer übergeordneten Instanz erhalten.

Mehrliniensystem: Grundform eines Leitungssystems, bei der Hierarchisch untergeordnete organisatorische Einheiten Weisungen von jeweils mehreren Instanzen erhalten.

Stabliniensystem: Form der Aufbauorganisation, bei der den Instanzen zur Unterstützung Stabsstellen zugeordnet werden

Spartenorganisation: Organisationsmodell, bei dem die Kompetenz aufgrund sachzielorientierter Segmentierung nach Produkten bzw. Produktgruppen zugeordnet wird. Es entstehen auf der zweiten Hierarchieebene organisatorische Teilbereiche, in denen jeweils die Kompetenzen für eine Produktart bezüglich sämtlicher Funktionen und Märkte der Unternehmung zusammengefasst sind.

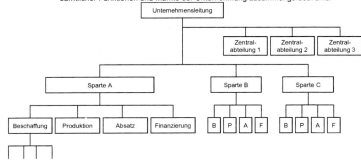

Matrixorganisation: Grundform einer mehrdimensionalen Organisationsstruktur, bei der für sämtliche durch gleichzeitige Zerlegung eines Handlungskomplexes nach verschiedenen Gliederungskriterien gewonnenen Teilhandlungen Entscheidungskompetenzen formuliert und auf Entscheidungseinheiten übertragen werden.

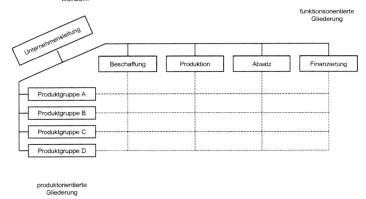

Benchmarkstudie　　　　　　　　　Instandhaltung　　　　　　　　　Ihr Unternehmen

2 Ihr Unternehmen

2.1 Adresse

Unternehmen: _____

Straße: _____

Postleitzahl/Ort: ____ _____

Anprechpartner: _____　　　Tel: _____

Position: _____

Abteilung: _____

genaue Bezeichnung des Werkes/Standort:

_____

2.2 Branche

Welcher Branche gehört Ihr Unternehmen an?

- ☐ Automobil
- ☐ Automobil-Zulieferer
- ☐ Chemie
- ☐ Nahrungs- und Genussmittel
- ☐ Maschinenbau
- ☐ Servicedienstleister

☐ Andere: _____

2.3 Produktionstyp

Welcher Produktionstyp herrscht in Ihrem Unternehmen hauptsächlich vor?

- ☐ Fertigungsinseln
- ☐ Fertigungsstraße
- ☐ Werkstattfertigung
- ☐ Verfahrenstechnische Anlagen

☐ Andere: _____

2.4 Mitarbeiter

Geben Sie bitte die Anzahl der Mitarbeiter an.

Gesamt: _____

Fertigung/Produktion: _____

Instandhaltungsabteilung (IH-Abteilung): _____

Nach welchem Schichtmodell wird bei Ihnen in der Produktion gearbeitet?

☐ 1-Schichtbetrieb　　　☐ 2-Schichtbetrieb　　　☐ 3-Schichtbetrieb

Nach welchem Schichtmodell arbeitet Ihre IH-Abteilung?

☐ 1-Schichtbetrieb　　　☐ 2-Schichtbetrieb　　　☐ 3-Schichtbetrieb

Teil 2   49

Benchmarkstudie   Instandhaltung   Ihr Unternehmen

2.5 Werksgelände

Welche Fläche umfasst das Werksgelände (räumliche Ausdehnung)?

_____ *(in m²)*

Handelt es sich dabei um ein zusammenhängendes Werksgelände, oder sind einzelne Teile des Werksgeländes räumlich voneinander getrennt?

☐ zusammenhängend
☐ räumlich getrennt

2.6 Art und Anzahl der Instandhaltungsobjekte

Wie viele (instandzuhaltende) Anlagen werden von Ihnen betreut?

_____

Wie viele (instandzuhaltende) Maschinen werden von Ihnen betreut?

_____

Handelt es sich bei den von Ihnen zu betreuenden Anlagen bzw. Maschinen

☐ im wesentlichen um gleichartige Anlagen bzw. Maschinen
☐ im wesentlichen um verschiedenartige Anlagen bzw. Maschinen
☐ gemischt

2.7 Organisations- und Personalstruktur

Welchem der folgenden Idealtypen einer Aufbauorganisation kommt die Aufbauorganisation Ihres Unternehmens am nächsten? **(Siehe Schaubilder unter 1.2 Definitionen)**

☐ Liniensystem (Einliniensystem)   ☐ Produktorientierte Spartenorganisation
☐ Funktionssystem (Mehrliniensystem)   ☐ Matrixorganisation
☐ Stabliniensystem   ☐ Projektorganisation

☐ Andere: _____

*Wird in Ihrem Unternehmen in Teams bzw. Gruppen (**T**eilautonome **A**rbeits**G**ruppen TAG) gearbeitet?*

☐ Ja   ☐ Nein
    ↳ *Wenn JA, sind die Mitarbeiter der IH-Abteilung in diese Gruppen integriert?*
                                          ☐ Ja ☐ Nein

Verfügen die Mitarbeiter der Produktion über entsprechende Qualifikationen, bestimmte Instandhaltungsaufgaben eigenständig zu erledigen?

☐ Systemwissen
☐ Maschinenwissen
☐ Reparaturwissen
☐ Werkzeugwissen
☐ Computerumgang

Seite 4

Benchmarkstudie Instandhaltung Ihr Unternehmen

2.8 Organisation der Instandhaltungsabteilung

Wem ist Ihre Instandhaltungsabteilung organisatorisch unterstellt bzw. zugeordnet?

- ☐ Geschäftsleitung
- ☐ Vertrieb
- ☐ Fertigung

- ☐ Andere: _____

Existiert eine zentrale IH-Werkstatt, mehrere dezentrale oder eine Mischform aus zentraler und dezentralen IH-Werkstätten?

☐ Zentral ☐ Dezentral ☐ Gemischt

Sind einzelne Werkstätten spezialisiert (z.B. Elektrik, Mechanik, Pneumatik, best. Anlagentypen)?

☐ Ja ☐ Nein

2.9 Eigen- oder Fremdinstandhaltung

Wieviel Prozent der von Ihnen betreuten Anlagen werden selbst / fremd instandgehalten?

	0%	10%	20%	30%	40%	50%	60%	70%	80%	90%
Eigeninstandhaltung	O	O	O	O	O	O	O	O	O	O
Fremdinstandhaltung	O	O	O	O	O	O	O	O	O	O

Welche der folgenden Gründe waren für Sie bei der Entscheidung, Leistungen fremd zu vergeben, von besonderer Bedeutung?

Gründe	Bedeutung
	unwichtig 1 — 2 — 3 — 4 sehr
Kostenaspekt (Fremdleistung günstiger als Eigenleistung)	O—O—O—O
Know How Vorteile (Spezialwissen der Fremdfirmen nutzen)	O—O—O—O
Eigene IH-Abteilung (von Routinearbeiten) entlasten	O—O—O—O
Bedarfsspitzen abdecken:	O—O—O—O
Managemententscheidungen:	O—O—O—O
Andere:	O—O—O—O
Andere:	O—O—O—O

Teil 2

Benchmarkstudie — Instandhaltung — Ihr Unternehmen

Welche der folgenden Leistungen werden ausschließlich von Ihnen selbst, nur von Hersteller/Drittfirmen oder von beiden gemeinsam ausgeführt?

Ausführung	selbst	Hersteller/Drittfirma	beide
Reinigen/Einstellen	☐	☐	☐
Inspektion	☐	☐	☐
Wartung	☐	☐	☐
Instandsetzung (mit Teleservice)	☐	☐	☐
Instandsetzung (durch Techniker)	☐	☐	☐
Generalüberholung	☐	☐	☐
Andere:	☐	☐	☐

Wie zufrieden sind Sie mit folgenden Merkmalen der Serviceleistung des Herstellers bzw. von Drittfirmen?

Ausführung	Zufriedenheit sehr unzufrieden 1	2	3	sehr zu 4
Termineinhaltung (Zuverlässigkeit)	O	O	O	O
Qualität der Leistung	O	O	O	O
Preis-Leistungs-Verhältnis	O	O	O	O
Verfügbarkeit des Servicepersonals	O	O	O	O
Ausrüstung des Servicepersonals	O	O	O	O
Kompetenz des Servicepersonals	O	O	O	O
Andere:	O	O	O	O

2.10 „Neue" Kommunikationsmittel

Präsentiert sich Ihr Unternehmen im Internet?

☐ Ja   ☐ Nein

Internet-Adresse: http://_____

Nutzen Sie E-mail in Ihrem Unternehmen zur internen und externen Kommunikation?

intern   ☐ Ja ☐ Nein
extern   ☐ Ja ☐ Nein

Benchmarkstudie — Instandhaltung — Inspektion und Wartung

3 Inspektion und Wartung

3.1 Inspektion

Bei wieviel Prozent der von Ihnen betreuten Anlagen führen Sie regelmäßige Inspektionen nach Inspektionsplan und Inspektionsanleitung durch?

0% 10% 20% 30% 40% 50% 60% 70% 80% 90%
O——O——O——O——O——O——O——O——O——O

Liegen Inspektionsplan bzw. Inspektionsanleitung in Ihrem Unternehmen vor?

☐ Ja ☐ Nein

→ *Wenn JA, auf welchen Medien liegen Inspektionsplan bzw. Inspektionsanleitung vor?*

Inspektionsplan
☐ Papier (Handbuch)
☐ Online (Internet)
☐ Offline (CD-Rom/Diskette/Festplatte)

Inspektionsanleitung
☐ Papier (Handbuch)
☐ Online (Internet)
☐ Offline (CD-Rom/Diskette/Festplatte)

→ *Wenn JA, in welcher Abteilung liegen Inspektionsplan bzw. Inspektionsanleitung vor?*

☐ Produktion
☐ IH-Abteilung
☐ Qualitätssicherung

☐ Andere _____

Werden die Inspektionspläne des Herstellers von Ihnen an Ihre unternehmensspezifische Situation angepasst?

☐ Ja ☐ Nein

→ *Wenn JA, werden diese Veränderungen an den Hersteller zurückgemeldet?*

☐ Ja ☐ Nein

Werden die Inspektionsintervalle bzw. deren Einhaltung elektronisch oder automatisch überwacht?

☐ Ja ☐ Nein

→ *Wenn JA, wie?*

_____

Gibt es Abweichungen vom Inspektionsplan (z.B. wegen Anforderungen aus der Produktion)?

☐ Ja ☐ Nein

→ *Wenn JA, warum?*

_____
_____
_____

Benchmarkstudie — Instandhaltung — Inspektion und Wartung

Schätzen Sie ein, welcher Anteil des gesamten Inspektionsaufwandes auf Maschinenbediener, Mitarbeiter der IH-Abteilung, Servicetechniker des Herstellers und Servicedienstleister entfällt.

	0%	10%	20%	30%	40%	50%	60%	70%	80%	90%
Maschinenbediener	O	O	O	O	O	O	O	O	O	O
Mitarbeiter der IH-Abteilung	O	O	O	O	O	O	O	O	O	O
Servicetechniker des Herstellers	O	O	O	O	O	O	O	O	O	O
Servicedienstleister	O	O	O	O	O	O	O	O	O	O

Werden die regelmäßigen Inspektionen mit den geplanten Stillständen (Nebenzeiten wie z.B. für Werkzeugwechsel) koordiniert?

☐ Ja ☐ Nein

↳ *Wenn JA, sind außerhalb der geplanten Stillstände zusätzliche Stillstände für Inspektionen notwendig?*

☐ Ja ☐ Nein

Wem werden die Ergebnisse der Inspektion als erstes vorgelegt?

Position: _____ Abteilung: _____

An wen werden die Ergebnisse dann zur Kenntnisnahme weitergeleitet?

Position: _____ Abteilung: _____

Position: _____ Abteilung: _____

3.2 Wartung

Bei wieviel Prozent der von Ihnen betreuten Anlagen führen Sie regelmäßige Wartungen nach Wartungsplan und Wartungsanleitung durch?

0%	10%	20%	30%	40%	50%	60%	70%	80%	90%
O	O	O	O	O	O	O	O	O	O

Liegen Wartungsplan bzw. Wartungsanleitung in Ihrem Unternehmen vor?

☐ Ja ☐ Nein

↳ *Wenn JA, auf welchen Medien liegen Wartungsplan bzw. Wartungsanleitung vor?*

Wartungsplan
☐ Papier (Handbuch)
☐ Online (Internet)
☐ Offline (CD-Rom/Diskette/Festplatte)

Wartungsanleitung
☐ Papier (Handbuch)
☐ Online (Internet)
☐ Offline (CD-Rom/Diskette/Festplatte)

↳ *Wenn JA, in welcher Abteilung liegen Wartungsplan bzw. Wartungsanleitung vor?*

☐ Produktion
☐ IH-Abteilung
☐ Qualitätssicherung

☐ Andere _____

| Benchmarkstudie | Instandhaltung | Inspektion und Wartung |

Werden die Wartungspläne des Herstellers von Ihnen an Ihre unternehmensspezifische Situation angepaßt?

☐ Ja ☐ Nein

Werden die Wartungsintervalle bzw. deren Einhaltung elektronisch oder automatisch überwacht?

☐ Ja ☐ Nein

↳ *Wenn JA, wie?*

_____

Gibt es Abweichungen vom Wartungsplan?

☐ Ja ☐ Nein

↳ *Wenn JA, warum?*

_____
_____
_____

Schätzen Sie ein, welcher Anteil des gesamten Wartungsaufwandes auf Maschinenbediener, Mitarbeiter der IH-Abteilung, Servicetechniker des Herstellers und Servicedienstleister entfällt.

	0%	10%	20%	30%	40%	50%	60%	70%	80%	90%
Maschinenbediener	O	O	O	O	O	O	O	O	O	O
Mitarbeiter der IH-Abteilung	O	O	O	O	O	O	O	O	O	O
Servicetechniker des Herstellers	O	O	O	O	O	O	O	O	O	O
Servicedienstleister	O	O	O	O	O	O	O	O	O	O

Werden die regelmäßigen Wartungen mit den geplanten Stillständen (Nebenzeiten wie z.B. für Werkzeugwechsel) koordiniert?

☐ Ja ☐ Nein

↳ *Wenn JA, sind außerhalb der geplanten Stillstände zusätzliche Stillstände für Wartungen notwendig?*

☐ Ja ☐ Nein

Teil 2 55

Benchmarkstudie　　　　　　　　　　Instandhaltung　　　　　　　　　　Ausfallbedingte Instandsetzung

4 Ausfallbedingte Instandsetzung

4.1 Störungserkennung, -beschreibung und -erfassung

In wieviel Prozent der Fälle äußert sich eine Störung der von Ihnen betreuten Anlagen durch

	0%	10%	20%	30%	40%	50%	60%	70%	80%	90%
Ausfall der Anlage	O	O	O	O	O	O	O	O	O	O
Mangelnde Qualität der produzierten Teile	O	O	O	O	O	O	O	O	O	O
Andere:	O	O	O	O	O	O	O	O	O	O
Andere:	O	O	O	O	O	O	O	O	O	O

diese Werte sind:　☐ geschätzt　☐ gemessen

Wieviel Prozent der in den von Ihnen betreuten Anlagen produzierten Teile durchläuft eine

	0%	10%	20%	30%	40%	50%	60%	70%	80%	90%
Vollautomatische Qualitätsprüfung	O	O	O	O	O	O	O	O	O	O
Händische Qualitätsprüfung	O	O	O	O	O	O	O	O	O	O

diese Werte sind:　☐ geschätzt　☐ gemessen

Wieviel Prozent Ihrer Gesamtproduktion ist Ausschuss?

0%	10%	20%	30%	40%	50%	60%	70%	80%	90%
O	O	O	O	O	O	O	O	O	O

dieser Wert ist:　☐ geschätzt　☐ gemessen

Schätzen sie ein, welcher Anteil des Ausschusses auf Maschinenstörungen zurückzuführen ist.

0	¼	½	¾
O	O	O	O

dieser Wert ist:　☐ geschätzt　☐ gemessen

Wie hoch ist der Anteil der Störungen, die vom Maschinenbediener oder von anderen Personen innerhalb und außerhalb der Abteilung (z.B. Meister, Qualitätskontrolle, Mitarbeiter der IH-Abteilung, usw.) erkannt werden?

	0%	10%	20%	30%	40%	50%	60%	70%	80%	90%
Vom Maschinenbediener	O	O	O	O	O	O	O	O	O	O
Innerhalb der Abt. (z.B. Meister)	O	O	O	O	O	O	O	O	O	O
Außerhalb der Abt. (z.B. Qualitätskontrolle)	O	O	O	O	O	O	O	O	O	O

diese Werte sind:　☐ geschätzt　☐ gemessen

Wird bei Ihnen firmenintern eine Störungsstatistik geführt?

☐ Ja　　　　　　　　　　☐ Nein

In wieviel Prozent der Fälle kann der Maschinenbediener alleine die Störung korrekt beschreiben, in wieviel Prozent der Fälle ist zusätzlich ein Mitarbeiter der IH-Abteilung notwendig?

	0%	10%	20%	30%	40%	50%	60%	70%	80%	90%
Nur Maschinenbediener	O	O	O	O	O	O	O	O	O	O
Zusätzlich Mitarbeiter der IH-Abteilung	O	O	O	O	O	O	O	O	O	O

Seite 10

| Benchmarkstudie | Instandhaltung | Ausfallbedingte Instandsetzung |

*Schätzen sie ein, welcher Anteil des Gesamtaufwandes der Störungsbehebung auf die Fehler**lokalisierung** entfällt.*

         0   ¼   ½   ¾
         O——O——O——O——

Welche Medien stehen dem Maschinenbediener/Meister zur Verfügung, um die Störungs-Symptome zu beschreiben?
- ☐ Sprache
- ☐ Text
- ☐ Bild (Foto)
- ☐ Ton
- ☐ Video

Existieren sprachliche Verständigungsschwierigkeiten mit den Mitarbeitern?
- ☐ Ja   ☐ Nein

Wie wird eine Störung erfasst?
- ☐ Formlos
- ☐ Formblatt
- ☐ Eingabemaske im Computer
- ☐ Steuerung erfasst die Störung automatisch

- ☐ Andere: _____

4.2 Kontaktaufnahme und Identifikation

In wieviel Prozent der Fälle werden Sie vom Maschinenbediener oder vom Meister kontaktiert?

	0%	10%	20%	30%	40%	50%	60%	70%	80%	90%
Maschinenbediener	O	O	O	O	O	O	O	O	O	O
Meister	O	O	O	O	O	O	O	O	O	O

Wie wird der Kontakt zu Ihnen aufgenommen und welchen prozentualen Anteil haben die einzelnen Medien dabei?

	0%	10%	20%	30%	40%	50%	60%	70%	80%	90%
Hauspost	O	O	O	O	O	O	O	O	O	O
Telefon	O	O	O	O	O	O	O	O	O	O
Fax	O	O	O	O	O	O	O	O	O	O
E-Mail	O	O	O	O	O	O	O	O	O	O
Intranet	O	O	O	O	O	O	O	O	O	O
Andere:	O	O	O	O	O	O	O	O	O	O

Zu welchen Zeiten ist Ihre IH-Abteilung in der Lage,
     a) *eine Störungsmeldung entgegenzunehmen?*
           Werktags   von:_____ bis:_____
           Wochenende   von:_____ bis:_____
     b) *eine Maßnahme zur Störungsbehebung einzuleiten?*
           Werktags   von:_____ bis:_____
           Wochenende   von:_____ bis:_____

Teil 2   57

Benchmarkstudie   Instandhaltung   Ausfallbedingte Instandsetzung

Wer ist der erste Ansprechpartner innerhalb der IH-Abteilung bei der Kontaktaufnahme?
- ☐ Techniker
- ☐ Andere: _____
- ☐ Andere: _____

Gibt es eine Priorisierung der Störungen (z.B. über eine Prioritätsskala)?
- ☐ Ja
- ☐ Nein

↳ Wenn JA, bei wieviel Prozent der eingehenden Instandhaltungsaufträge handelt es sich um Aufträge mit höchster Priorität (Priorität 1, Sofortaufträge)?

0%   10%   20%   30%   40%   50%   60%   70%   80%   90%
○――○――○――○――○――○――○――○――○――○――

Welche Maschinendaten werden bei Ihnen gespeichert?
- ☐ Hersteller
- ☐ Abteilung
- ☐ Zweckbestimmung der Maschine
- ☐ Garantievereinbarungen
- ☐ Maschinennummer
- ☐ Standort
- ☐ Baujahr/Geburtsjahr
- ☐ Auftragshistorie
- ☐ Andere: _____
- ☐ Andere: _____

Wie sind Ihre Maschinendaten abgelegt?
- ☐ Leitz - Ordner
- ☐ Karteikarten
- ☐ Computer
- ☐ Andere: _____

Wird von Ihnen eine Maschinenhistorie geführt?
- ☐ Ja
- ☐ Nein

In wieviel Prozent der Fälle wird die zu ersetzende Baugruppe oder das Bauteil vom Maschinenbediener auf Anhieb richtig identifiziert?

0%   10%   20%   30%   40%   50%   60%   70%   80%   90%
○――○――○――○――○――○――○――○――○――○――

4.3 Störungsdiagnose und Störungsbehebung

Besteht die Möglichkeit, Vermutungen bezüglich der Fehlerursache anhand einer baugleichen Maschine oder einer Computersimulation zu überprüfen?

Baugleiche Maschine   ☐ Ja   ☐ Nein
Computersimulation   ☐ Ja   ☐ Nein

Wie viele Störungen sind im vergangenen Jahr bei Ihnen aufgetreten?
_____

Wie ist das Verhältnis von reaktiver IH (Ausfälle) zu pro-aktiver (geplanter) IH?

Pro-aktiv (Zeitaufwand IH und Maschinenbediener):   in %: _____
Reaktiv (Zeitaufwand IH und Maschinenbediener):   in %: _____

| Benchmarkstudie | Instandhaltung | Ausfallbedingte Instandsetzung |

Bei wieviel Prozent der Fälle führt eine Störung zu Produktionsstillständen, Leistungsminderungen oder Qualitätseinbußen?

	0%	10%	20%	30%	40%	50%	60%	70%	80%	90%
	○	○	○	○	○	○	○	○	○	○

Wieviel Prozent der auftretenden Störungen werden durch Austausch einer Komponente, Reparatur, Update der Steuerungssoftware oder Erneuerung der Anlage behoben?

	0%	10%	20%	30%	40%	50%	60%	70%	80%	90%
Instandsetzung ohne zusätzliche Ressourcen	○	○	○	○	○	○	○	○	○	○
Instandsetzung mit zusätzlichen Ressourcen	○	○	○	○	○	○	○	○	○	○
Update der Steuerungssoftware	○	○	○	○	○	○	○	○	○	○
Andere:	○	○	○	○	○	○	○	○	○	○

Wer legt fest, welche der obigen Lösungsalternativen sowohl in technischer als auch in wirtschaftlicher Hinsicht sinnvoll ist und somit durchgeführt wird?

In technischer Hinsicht:

Position:_____

Abteilung:_____

In wirtschaftlicher Hinsicht:

Position:_____

Abteilung:_____

Auf welchen Medien liegt die Betriebsanleitung bzw. die Bedienungsanleitung vor?

☐ Papier (Handbuch)
☐ Online (Internet)
☐ Offline (CD-Rom/Diskette/Festplatte)

Schätzen sie ein, wieviel Prozent der auftretenden Störungen durch Maschinenbediener, Mitarbeiter der IH-Abteilung, Servicetechniker des Herstellers oder Servicedienstleister beseitigt werden.

	0%	10%	20%	30%	40%	50%	60%	70%	80%	90%
Maschinenbediener (1)	○	○	○	○	○	○	○	○	○	○
Mitarbeiter der IH-Abteilung (2)	○	○	○	○	○	○	○	○	○	○
(1) oder (2) mit Teleserviceunterstützung	○	○	○	○	○	○	○	○	○	○
Servicetechniker des Herstellers	○	○	○	○	○	○	○	○	○	○
Servicedienstleister	○	○	○	○	○	○	○	○	○	○
Andere:	○	○	○	○	○	○	○	○	○	○

Schätzen Sie ein, wieviel Zeit wird für die Fähigkeitsschulung von Maschinenbedienern aufgewendet wird.

in % der Gesamt-IH-Arbeitszeit: _____

Benchmarkstudie	Instandhaltung	Ausfallbedingte Instandsetzung

Wie sind die Mitarbeiter der IH-Abteilung eingeteilt?

- ☐ nach dem Standort der Anlage
- ☐ nach Anlagentyp
- ☐ nach Störungstyp (Mechanik/Elektronik/usw.)
- ☐ nach Produktionsbereich

- ☐ Andere: _____

Schätzen sie ein, welche Zeitspanne zwischen Eingang der Störungsmeldung (sofern es sich um eine starke Beeinträchtigung der Produktion handelt) und Eintreffen des Mitarbeiters der IH-Abteilung vor Ort vergeht.

Frühschicht: geschätzte Zeit: _____

Spätschicht: geschätzte Zeit: _____

Nachtschicht: geschätzte Zeit: _____

Wochenende: geschätzte Zeit: _____

Bei wieviel Prozent der von Ihnen betreuten Anlagen ist ein Online-Zugriff auf Maschinendaten bzw. auf die Maschinensteuerung oder ein Online-Update der Steuerungssoftware (über Telefon, ISDN, usw.) möglich?

0% 10% 20% 30% 40% 50% 60% 70% 80% 90%
O——O——O——O——O——O——O——O——O——O

Nutzen Sie Teleserviceangebote des Herstellers bzw. von Drittfirmen?

☐ Ja   ☐ Nein

↳ *Wenn JA, in welcher Form?*

_____

4.4 Ersatzteilwesen

In wieviel Prozent der Fälle ist das erforderliche Ersatzteil bereits am Lager vorhanden oder muss erst noch bestellt werden?

0% 10% 20% 30% 40% 50% 60% 70% 80% 90%

Ersatzteil vorrätig O——O——O——O——O——O——O——O——O——O

Ersatzteil muss extern bestellt werden O——O——O——O——O——O——O——O——O——O

Schätzen sie ein, welche Zeitspanne durchschnittlich zwischen Bedarf an einem Ersatzteil und dem Eintreffen des Ersatzteils am Einsatzort vergeht.

	häufig gebrauchte Ersatzteile (Verschleißteile)	selten gebrauchte Ersatzteile
wenn Ersatzteil vorrätig		
wenn Ersatzteil extern bestellt werden muss		

Nimmt Ihre IH-Abteilung (unter bestimmten Umständen) Einkaufsfunktionen wahr?

☐ Ja   ☐ Nein

Wie ist Ihr Ersatzteillager organisiert?

- ☐ Zentral
- ☐ Dezentral
- ☐ Zentrales Lager + Produktionsnahe Läger

- ☐ Andere: _____

Benchmarkstudie   Instandhaltung   Ausfallbedingte Instandsetzung

Über welche Kanäle können bei Ihnen vom Maschinenbediener bzw. der IH-Abteilung Ersatzteile angefordert werden?

- ☐ Auftragszettel
- ☐ Telefon
- ☐ Fax
- ☐ E-Mail
- ☐ Intranet

☐ Andere: _____

Treten Fehllieferungen von Ersatzteilen auf?

☐ Ja ☐ Nein

→ Wenn JA, wieviel Prozent der Ersatzteillieferungen sind Fehllieferungen?

0% 10% 20% 30% 40% 50% 60% 70% 80% 90%
o——o——o——o——o——o——o——o——o——o——

4.5 Nachbereitung und Dokumentation

Wird bei Ihnen standardmäßig ein Protokoll erstellt nach

Inspektionsvorgang/Wartungsvorgang	☐ Ja	☐ Nein
Störfall	☐ Ja	☐ Nein

Werden in diesem Protokoll explizit Symptom, Ursache und Lösung angegeben?

Symptom	☐ Ja	☐ Nein
Ursache	☐ Ja	☐ Nein
Lösung	☐ Ja	☐ Nein

Werden die Protokolle der Störfälle

Zur Arbeitsvorbereitung späterer Störfälle genutzt	☐ Ja	☐ Nein
Zur Vermeidung späterer Störfälle genutzt	☐ Ja	☐ Nein
An den Maschinen-/Anlagenhersteller weitergeleitet	☐ Ja	☐ Nein

Arbeiten Sie mit vordefinierten Instandsetzungs-Standardaufträgen (zur Minimierung der Arbeitsvorbereitung)?

☐ Ja ☐ Nein

Bei wieviel Prozent der Störfälle handelt es sich um ein Problem, das bereits in einem Störungsprotokoll dokumentiert wurde?

0% 10% 20% 30% 40% 50% 60% 70% 80% 90%
o——o——o——o——o——o——o——o——o——o——

*Verwenden Sie ein IPS-System (**I**nstandhaltungs-, **P**lanungs- und **S**teuerungssystem), welches die Nachbereitung unterstützt?*

☐ Ja ☐ Nein

→ Wenn JA, welches?

Teil 2   61

Benchmarkstudie   Instandhaltung   Ausfallbedingte Instandsetzung

Wie werden die verschiedenen Dokumente abgelegt?

Anleitungen können sein: Inspektionsanleitung, Wartungsanleitung, Bedienungsanleitung
Pläne können sein: Inspektionspläne, Wartungspläne, Baupläne
Protokolle können sein: Dokumentierte Fälle erfolgreich durchgeführter Inspektionen, Wartungen, Instandsetzungen

	Anleitungen		*Pläne*		*Protokolle*	
Papier	☐ Ja	☐ Nein	☐ Ja	☐ Nein	☐ Ja	☐ N
elektronische Ablage in IPS-System	☐ Ja	☐ Nein	☐ Ja	☐ Nein	☐ Ja	☐ N
andere elektronische Ablage	☐ Ja	☐ Nein	☐ Ja	☐ Nein	☐ Ja	☐ N
andere:	☐ Ja	☐ Nein	☐ Ja	☐ Nein	☐ Ja	☐ N

Welche Personen haben (jederzeit, unbeschränkt, direkt) Zugriff auf die verschiedenen Dokumente?

	Anleitungen		*Pläne*		*Protokolle*	
Maschinenbediener	☐ Ja	☐ Nein	☐ Ja	☐ Nein	☐ Ja	☐ N
Meister	☐ Ja	☐ Nein	☐ Ja	☐ Nein	☐ Ja	☐ N
Mitarbeiter der IH-Abteilung	☐ Ja	☐ Nein	☐ Ja	☐ Nein	☐ Ja	☐ N

Welche dieser Dokumente liegen direkt am Arbeitsplatz des Maschinenbedieners vor?

Anleitungen	☐ Ja	☐ Nein
Pläne	☐ Ja	☐ Nein
Protokolle	☐ Ja	☐ Nein

Benchmarkstudie　　　　　　　　　　　Instandhaltung　　　　　　　　　　　Modernisierung

5 Modernisierung

Inwieweit wird die IH-Abteilung bei Neuinvestitionen eingebunden?

_____
_____
_____

Bei wieviel Prozent der durchzuführenden Modernisierungsmaßnahmen wird die Installation der neuen Komponente selbst oder vom Hersteller vorgenommen?

	0%	10%	20%	30%	40%	50%	60%	70%	80%	90%
Selbst	O	O	O	O	O	O	O	O	O	O
Hersteller	O	O	O	O	O	O	O	O	O	O
Drittfirma	O	O	O	O	O	O	O	O	O	O

Schätzen sie ein, bei wieviel Prozent der Modernisierungsmaßnahmen es sich um eine der folgenden Alternativen handelt.

	0%	10%	20%	30%	40%	50%	60%	70%	80%
Austausch veralteter Betriebsmittel	O	O	O	O	O	O	O	O	O
Einführung neuer Fertigungstechnologien	O	O	O	O	O	O	O	O	O
Update der Steuerungssoftware	O	O	O	O	O	O	O	O	O
Andere:	O	O	O	O	O	O	O	O	O

_____

Gibt es für Modernisierungen und Neuinvestitionen Werksnormen oder Standardelemente?

☐ Ja　　　　　　　　　　　☐ Nein

Inwieweit wird die IH-Abteilung bei der Erstellung von Werksnormen oder Standardelementen konsultiert?

_____
_____

Werden Verfügbarkeitsanalysen bei Neuinvestitionen durchgeführt?

☐ Ja　　　　　　　　　　　☐ Nein

Spielt das Serviceangebot des Herstellers bei Neuinvestitionen eine Rolle?

☐ Ja　　　　　　　　　　　☐ Nein

Benchmarkstudie Instandhaltung TPM und KVP

6 TPM und KVP

Besteht eine TPM Vision für Ihr Unternehmen?
☐ Ja ☐ Nein
(falls Ja, bitte beilegen)

Wann haben Sie mit TPM begonnen?
Monat / Jahr _____

Was ist der Stand Ihrer TPM Einführung im Moment?
_____
_____

Besteht bzw. gibt es in Ihrem Unternehmen

Ein TPM-Lenkungsausschuss	☐ Ja	☐ Nein
TPM-Bereichsausschüsse	☐ Ja	☐ Nein
Einen TPM-Stab	☐ Ja	☐ Nein

Werden TPM-Grundsätze oder TPM-Informationen an alle Mitarbeiter weitergeleitet?
☐ Ja ☐ Nein

Werden IH-Kosten pro Anlage budgetiert?
☐ Ja ☐ Nein

Werden bzüglich der IH-Kosten Soll-Ist-Vergleiche angestellt?
☐ Ja ☐ Nein

Werden die IH-Kosten den Maschinenbedienern mitgeteilt?
☐ Ja ☐ Nein

Gibt es in Ihrem Unternehmen einen formellen und funktionierenden Kontinuierlichen VeränderungsProzess (KVP)?
☐ Ja ☐ Nein

Schätzen Sie die durchschnittliche Anzahl der durchgeführten Verbesserungsprojekte pro Anlage (KVP-Vorschläge, TPM-Projekte)?
_____

Werden Projektresultate veröffentlicht?
☐ Ja ☐ Nein

Seite 18

Benchmarkstudie Instandhaltung Effektivität und Kennzahlen

7 Effektivität und Kennzahlen

Geben Sie bitte den Wert der folgenden Kennzahlen für das vergangene Jahr an.
(sofern diese Kennzahlen vorliegen oder von Ihnen errechnet werden können)

Dringlichkeitsrate:

Def.: $\dfrac{\text{Anzahl der Sofortaufträge}}{\text{Anzahl der gesamten Aufträge}}$ Wert: _____

Technische Ausfallrate / Ausfallzeitgrad:

Def.: $\dfrac{\text{Technische Ausfallzeit}}{\text{Sollbelegungszeit}}$ Wert: _____

oder

Def.: $\dfrac{\text{Ausfallzeit / Anlage}}{\text{Betriebszeit / Anlage}}$ Wert: _____

Überstundenanteil (TÜV 2.04):

Def.: $\dfrac{\text{Überstunden}}{\text{Gesamtstunden}}$ Wert: _____

Auslastungsgrad / Auftragsbestandsrate:

Def.: $\dfrac{\text{Auftragsbestand in Std.}}{\text{verfügbare Hdw.} - \text{Kapazität in Std.}}$ Wert: _____

Vergabegrad / Fremdleistungsanteil:

Def.: $\dfrac{\text{Fremdleistungskosten}}{\text{gesamte Instandhaltungskosten}}$ Wert: _____

IH-Kostenrate / Instandhaltungsintensität:

Def.: $\dfrac{\text{gesamte Instandhaltungskosten}}{\text{indizierter Anschaffungswert}}$ Wert: _____

oder

Def.: $\dfrac{\text{Summe der laufenden Instandhaltungskosten}}{\text{Wiederbeschaffungswert der Anlage}}$ Wert: _____

IH-Kosten-Intensität:

Def.: $\dfrac{\text{Instandhaltungskosten}}{\text{Produktionskosten}}$ (zeit- und bereichsbezogen)   Wert: _____

Anlagenverfügbarkeit:

Def.: $\dfrac{\text{mittlere durchschn. Nutzungszeit (MTBF)}}{\text{mittlere durchschn. Nutzungszeit (MTBF)} + \text{mittlere Ausfallzeit (MTTR)}}$

Dabei ist   Wert: _____

mittlere Ausfallzeit (MTTR):   Def.: $\dfrac{\text{Summe der Ausfallzeiten}}{\text{Anzahl der Ausfälle}}$

IH-Wirtschaftlichkeitsgrad (TÜV 10):

Def.: $\dfrac{\text{Soll} - \text{IH} - \text{Kosten}}{\text{Ist} - \text{IH} - \text{Kosten}}$ Wert: _____

Seite 19

Benchmarkstudie   Instandhaltung   Effektivität und Kennzahlen

Welche weiteren (aussagekräftigen) Kennzahlen, wie z.B. OEE oder TEEP werden von Ihnen verwendet?
(Bitte geben Sie sowohl Definition als auch Bezeichnung der Kennzahl sowie deren Wert im letzten Jahr an)

Kennzahl A:

Def.: _____

Wert: _____

Kennzahl B:

Def.: _____

Wert: _____

Kennzahl C:

Def.: _____

Wert: _____

Kennzahl D:

Def.: _____

Wert: _____

Kennzahl E:

Def.: _____

Wert: _____

Platz für Anmerkungen:

_____
_____
_____
_____
_____
_____
_____
_____
_____
_____
_____
_____
_____
_____
_____

Benchmarkstudie Instandhaltung Letzte Seite

Weitere Anregungen

Ein Fragebogen kann immer nur einen Teil der relevanten Aspekte eines Themengebiets umfassen. Haben Sie darüber hinaus weitere Anregungen, Kritik oder Vorschläge?

Bitte vermerken Sie hier, ob Sie an weiteren Informationen interessiert sind.

☐ Ja, ich bin an **weiteren Informationen zu IAO Projekten** interessiert.

Nochmals vielen Dank für Ihre Kooperation bei der Beantwortung des Fragebogens!

_____   _____
Datum   Unterschrift

Teil 2

Benchmarkstudie zu Service- und Instandhaltungsmanagement

Fragebogen (Service)

1	**HINWEISE UND DEFINITIONEN**	**1**
1.1	HINWEISE	1
1.2	DEFINITIONEN	1
2	**IHR UNTERNEHMEN**	**3**
2.1	ADRESSE	3
2.2	BRANCHE	3
2.3	MITARBEITER	3
2.4	ART UND ANZAHL DER ZU BETREUENDEN ANLAGEN UND MASCHINEN	3
2.5	ORGANISATIONSSTRUKTUR	4
2.6	„NEUE" KOMMUNIKATIONSMITTEL	4
2.7	DIENSTLEISTUNGEN UND SERVICEELEMENTE	5
3	**INSPEKTION UND WARTUNG**	**6**
3.1	INSPEKTION	6
3.2	WARTUNG	7
4	**AUSFALLBEDINGTE INSTANDSETZUNG**	**8**
4.1	STÖRUNGSERKENNUNG, -BESCHREIBUNG UND -ERFASSUNG	8
4.2	KONTAKTAUFNAHME UND IDENTIFIKATION	9
4.3	STÖRUNGSDIAGNOSE UND STÖRUNGSBEHEBUNG	10
4.4	ERSATZTEILWESEN	12
4.5	NACHBEREITUNG UND DOKUMENTATION	13
5	**EFFEKTIVITÄT UND KENNZAHLEN**	**15**
LETZTE SEITE		**16**

Benchmarkstudie — Service — Hinweise und Definitionen

1 Hinweise und Definitionen

1.1 Hinweise

Sollte bei einer oder mehreren der „multiple choice"- Fragen dieses Fragebogens eine eindeutige Einordnung in Ihrem Falle nicht möglich sein, sind **Mehrfachnennungen möglich**.

Sollten Sie einzelne Fragen nicht beantworten können oder einzelne Sachverhalte auf Ihr Unternehmen nicht zutreffen, bitten wir um **Kennzeichnung** der entsprechenden Frage.

1.2 Definitionen

Um Missverständnisse so weit wie möglich auszuschließen, sollen hier einige **Begriffe kurz definiert** werden.

„Ihr Unternehmen":

In diesem Fragebogen ist darunter diejenige Einheit zu verstehen, für deren Serviceleistungen Sie verantwortlich sind (z.B. Gesamtunternehmen / Standort / Werk).

„Anlagen und Maschinen":

In diesem Fragebogen sollen nur diejenigen **Anlagen und Maschinen** betrachtet werden, die **im Produktionsprozess** eingesetzt werden.

In Abgrenzung zu einer Einzelmaschine besteht eine **Anlage** aus **mehreren miteinander verketteten Maschinen**.

„Inspektion":

DIN 31051: „Maßnahmen zur **Feststellung und Beurteilung des Istzustandes** von technischen Mitteln eines Systems".

„Wartung":

DIN 31051: „Maßnahmen zur **Bewahrung des Sollzustandes** von technischen Mitteln eines Systems".

„Instandsetzung":

DIN 31051: „Maßnahmen zur **Wiederherstellung des Sollzustandes** von technischen Mitteln eines Systems".

„Störung/Ausfall":

DIN 31051: „**Unbeabsichtigte Unterbrechung** (bei Störung bereits auch schon Beeinträchtigung) der Funktionserfüllung einer Betrachtungseinheit".

Teil 2

Benchmarkstudie   Service   Hinweise und Definitionen

Organigramme der idealtypischen Aufbauorganisationen

Einlinien / Mehrlinien / Stabliniensystem:

Einliniensystem: Grundform eines Leitungssystems, bei der Hierarchisch untergeordnete organisatorische Einheiten Weisungen lediglich von jeweils einer übergeordneten Instanz erhalten.

Mehrliniensystem: Grundform eines Leitungssystems, bei der Hierarchisch untergeordnete organisatorische Einheiten Weisungen von jeweils mehreren Instanzen erhalten.

Stabliniensystem: Form der Aufbauorganisation, bei der den Instanzen zur Unterstützung Stabsstellen zugeordnet werden

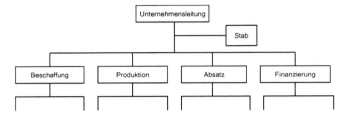

Spartenorganisation: Organisationsmodell, bei dem die Kompetenz aufgrund sachzielorientierter Segmentierung nach Produkten bzw. Produktgruppen zugeordnet wird. Es entstehen auf der zweiten Hierarchieebene organisatorische Teilbereiche, in denen jeweils die Kompetenzen für eine Produktart bezüglich sämtlicher Funktionen und Märkte der Unternehmung zusammengefasst sind.

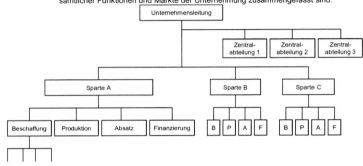

Matrixorganisation: Grundform einer mehrdimensionalen Organisationsstruktur, bei der für sämtliche durch gleichzeitige Zerlegung eines Handlungskomplexes nach verschiedenen Gliederungskriterien gewonnenen Teilhandlungen Entscheidungskompetenzen formuliert und auf Entscheidungseinheiten übertragen werden.

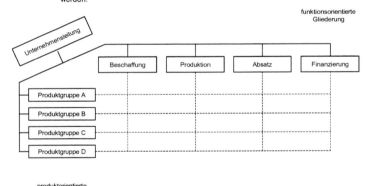

Seite 2

Benchmarkstudie Service Ihr Unternehmen

2 Ihr Unternehmen

2.1 Adresse

Unternehmen: _____

Straße: _____

Postleitzahl/Ort: ____ _____

Ansprechpartner: _____ Tel: _____

Position: _____

Abteilung: _____

2.2 Branche

Welcher Branche gehört Ihr Unternehmen an?

- ☐ Automobil
- ☐ Automobil-Zulieferer
- ☐ Chemie
- ☐ Nahrungs- und Genussmittel
- ☐ Maschinenbau
- ☐ Servicedienstleister

- ☐ Andere: _____

2.3 Mitarbeiter

Wie viele Mitarbeiter sind in Ihrem Unternehmen beschäftigt?

- ☐   1 bis   50 Beschäftigte
- ☐   50 bis   250 Beschäftigte
- ☐   250 bis   500 Beschäftigte
- ☐   500 bis 1000 Beschäftigte
- ☐ 1000 bis 3000 Beschäftigte
- ☐ mehr als 3000 Beschäftigte

Wie viele Mitarbeiter umfasst Ihre Serviceabteilung?

- ☐   1 bis   50 Beschäftigte
- ☐   50 bis   250 Beschäftigte
- ☐   250 bis   500 Beschäftigte
- ☐ mehr als 500 Beschäftigte

2.4 Art und Anzahl der zu betreuenden Anlagen und Maschinen

Wie viele Anlagen bzw. Maschinen werden von Ihnen betreut?

_____

Handelt es sich bei den von Ihnen zu betreuenden Anlagen bzw. Maschinen

- ☐ im wesentlichen um gleichartige Anlagen bzw. Maschinen
- ☐ im wesentlichen um verschiedenartige Anlagen bzw. Maschinen
- ☐ gemischt

Teil 2

Benchmarkstudie	Service	Ihr Unternehmen

2.5 Organisationsstruktur

Welchem der folgenden Idealtypen einer Aufbauorganisation kommt die Aufbauorganisation Ihres Unternehmens am nächsten? **(Siehe Schaubilder unter 1.2 Definitionen)**

- ☐ Liniensystem (Einliniensystem)
- ☐ Funktionssystem (Mehrliniensystem)
- ☐ Stabliniensystem
- ☐ Produktorientierte Spartenorganisation
- ☐ Matrixorganisation
- ☐ Projektorganisation

☐ Andere: _____

(Legen Sie bitte falls vorhanden ein Organigramm zum besseren Verständnis bei)

Wem ist Ihre Serviceabteilung organisatorisch unterstellt bzw. zugeordnet?

- ☐ Geschäftsleitung
- ☐ Vertrieb
- ☐ Fertigung
- ☐ Konstruktion

☐ Andere: _____

Handelt es sich bei Ihrer Serviceabteilung um ein Profit-Center?

☐ Ja   ☐ Nein

Existiert ein zentraler Servicestützpunkt, mehrere dezentrale oder eine Mischform aus zentralem und dezentralen Servicestützpunkten?

☐ Zentral   ☐ Dezentral   ☐ Gemischt

2.6 „Neue" Kommunikationsmittel

Präsentiert sich Ihr Unternehmen im Internet?

☐ Ja   ☐ Nein

Internet-Adresse: http://_____

Nutzen Sie E-mail in Ihrem Unternehmen zur internen und externen Kommunikation?

Intern   ☐ Ja ☐ Nein
Extern   ☐ Ja ☐ Nein

Benchmarkstudie　　　　　　　　　　Service　　　　　　　　　　Ihr Unternehmen

2.7 Dienstleistungen und Serviceelemente

Welche Dienstleistungen bzw. Serviceelemente bieten Sie Ihren Kunden an?

	Serviceelemente	Im Rahmen der Garantievereinbarungen	Als kostenlose Servicedienstleistung	Als kostenpflichtige Servicedienstleistung
A	Reinigung	☐	☐	☐
B	Einstellen	☐	☐	☐
C	Inspektion	☐	☐	☐
D	Wartung	☐	☐	☐
E	vorbeugende Instandhaltung	☐	☐	☐
F	Instandsetzung	☐	☐	☐
G	Generalüberholung	☐	☐	☐
H	Überwachung der Produktion	☐	☐	☐
I	Betreiben der kompletten Anlage	☐	☐	☐
J	Teleservice / Update	☐	☐	☐
K	Modernisierung	☐	☐	☐
L	Ersatzteilservice	☐	☐	☐
M	Schulung des Bedienpersonals	☐	☐	☐
N	_____	☐	☐	☐
O	_____	☐	☐	☐

Zu J: Welche Formen des Teleservice bieten Sie an?

Online-Zugriff auf Maschinendaten (Ferndiagnose)	☐ Ja	☐ Nein
Online-Zugriff auf die Maschinensteuerung (Fernsteuerung)	☐ Ja	☐ Nein
Online-Update der Steuerungssoftware	☐ Ja	☐ Nein
Bilddiagnose (Digitalkamera)	☐ Ja	☐ Nein
Videodiagnose (HandCam)	☐ Ja	☐ Nein
Andere: _____	☐ Ja	☐ Nein

Bieten Sie Ihren Kunden Standard-Servicepakete an?

☐ Ja　　　　　　　　　　☐ Nein

↳ *Wenn JA, welche Leistungen sind in den Paketen gebündelt?*
(die Buchstaben beziehen sich auf obige Tabelle)

	A	B	C	D	E	F	G	H	I	J	K	L	M	N
Paket 1	O	O	O	O	O	O	O	O	O	O	O	O	O	O
Paket 2	O	O	O	O	O	O	O	O	O	O	O	O	O	O
Paket 3	O	O	O	O	O	O	O	O	O	O	O	O	O	O

Kann sich der Kunde ein individuelles Paket zusammenstellen?

☐ Ja　　　　　　　　　　☐ Nein

Benchmarkstudie   Service   Inspektion und Wartung

3 Inspektion und Wartung

3.1 Inspektion

Bei wieviel Prozent der von Ihnen betreuten Anlagen führen Sie regelmäßige Inspektionen nach Inspektionsplan und Inspektionsanleitung durch?

0%   10%   20%   30%   40%   50%   60%   70%   80%   90%
O——O——O——O——O——O——O——O——O——O

Liegen Inspektionsplan bzw. Inspektionsanleitung in Ihrem Unternehmen vor?

☐ Ja   ☐ Nein

↳ *Wenn JA, auf welchen Medien liegen Inspektionsplan bzw. Inspektionsanleitung vor?*

Inspektionsplan
☐ Papier (Handbuch)
☐ Online (Internet)
☐ Offline (CD-Rom/Diskette/Festplatte)

Inspektionsanleitung
☐ Papier (Handbuch)
☐ Online (Internet)
☐ Offline (CD-Rom/Diskette/Festplatte)

Wurden die Inspektionspläne von Ihnen an die jeweilige kundenspezifische Situation angepasst?

☐ Ja   ☐ Nein

Werden die Inspektionsintervalle bzw. deren Einhaltung elektronisch oder automatisch überwacht?

☐ Ja   ☐ Nein

↳ *Wenn JA, wie?*

_____

Gibt es Abweichungen vom Inspektionsplan?

☐ Ja   ☐ Nein

↳ *Wenn JA, warum?*

_____
_____
_____

Wem werden die Ergebnisse der Inspektion vorgelegt?

Position: _____ Abteilung: _____

Position: _____ Abteilung: _____

Position: _____ Abteilung: _____

Seite 6

Benchmarkstudie	Service	Inspektion und Wartung

3.2 Wartung

Werden Wartungsplan bzw. Wartungsanleitung von Ihnen an Ihre Kunden ausgehändigt?

☐ Ja ☐ Nein

↳ *Wenn JA, auf welchen Medien?*

Wartungsplan

☐ Papier (Handbuch)
☐ Online (Internet)
☐ Offline (CD-Rom/Diskette/Festplatte)

Wartungsanleitung

☐ Papier (Handbuch)
☐ Online (Internet)
☐ Offline (CD-Rom/Diskette/Festplatte)

Teil 2   75

Benchmarkstudie   Service   Ausfallbedingte Instandsetzung

4 Ausfallbedingte Instandsetzung

4.1 Störungserkennung, -beschreibung und -erfassung

In wieviel Prozent der Fälle äußert sich eine Störung der von Ihnen betreuten Anlagen durch

	0%	10%	20%	30%	40%	50%	60%	70%	80%	90%
Ausfall der Anlage	O	O	O	O	O	O	O	O	O	O
Mangelnde Qualität der produzierten Teile	O	O	O	O	O	O	O	O	O	O
Andere:	O	O	O	O	O	O	O	O	O	O
Andere:	O	O	O	O	O	O	O	O	O	O

diese Werte sind: ☐ geschätzt   ☐ gemessen

Wieviel Prozent der in den von Ihnen betreuten Anlagen produzierten Teile durchläuft eine

	0%	10%	20%	30%	40%	50%	60%	70%	80%	90%
Vollautomatische Qualitätsprüfung	O	O	O	O	O	O	O	O	O	O
Händische Qualitätsprüfung	O	O	O	O	O	O	O	O	O	O

diese Werte sind: ☐ geschätzt   ☐ gemessen

Wieviel Prozent der Gesamtproduktion ist Ausschuss?

0%	10%	20%	30%	40%	50%	60%	70%	80%	90%
O	O	O	O	O	O	O	O	O	O

dieser Wert ist: ☐ geschätzt   ☐ gemessen

Schätzen sie ein, welcher Anteil des Ausschusses auf Maschinenstörungen zurückzuführen ist.

0	¼	½	¾
O	O	O	O

dieser Wert ist: ☐ geschätzt   ☐ gemessen

Wie hoch ist der Anteil der Störungen, die vom Maschinenbediener oder von anderen Personen (z.B. Meister, Qualitätskontrolle, Mitarbeiter der IH-Abteilung, usw.) erkannt werden?

	0%	10%	20%	30%	40%	50%	60%	70%	80%	90%
Vom Maschinenbediener	O	O	O	O	O	O	O	O	O	O
Innerhalb der Abt. (z.B. Meister)	O	O	O	O	O	O	O	O	O	O
Außerhalb der Abt. (z.B. Qualitätskontrolle)	O	O	O	O	O	O	O	O	O	O

diese Werte sind: ☐ geschätzt   ☐ gemessen

Wird bei Ihnen firmenintern eine Störungsstatistik geführt?

☐ Ja   ☐ Nein

In wieviel Prozent der Fälle kann der Kunde alleine die Störung korrekt beschreiben, in wieviel Prozent der Fälle ist zusätzlich Teleserviceeinsatz oder zusätzlich der Einsatz eines Servicetechnikers notwendig?

	0%	10%	20%	30%	40%	50%	60%	70%	80%	90%
Nur Kunde	O	O	O	O	O	O	O	O	O	O
Zusätzlich Teleserviceeinsatz	O	O	O	O	O	O	O	O	O	O
Zusätzlich Einsatz eines Servicetechnikers	O	O	O	O	O	O	O	O	O	O

Seite 8

Benchmarkstudie　　　　　　　　　　　Service　　　　　　　　　　Ausfallbedingte Instandsetzung

*Schätzen sie ein, welcher Anteil des Gesamtaufwandes der Störungsbehebung auf die Fehler**lokalisierung** entfällt.*

```
        0    ¼    ½    ¾
        O────O────O────O
```

Welche Medien stehen dem Kunden zur Verfügung, um die Störungs-Symptome zu beschreiben?

- ☐ Sprache
- ☐ Text
- ☐ Bild (Foto)
- ☐ Ton
- ☐ Video

Existieren sprachliche Verständigungsschwierigkeiten mit Kunden?

- ☐ Ja　　　　　　　　　　　　　　　☐ Nein

Wie wird eine Störung erfasst?

- ☐ Formlos
- ☐ Formblatt
- ☐ Eingabemaske im Computer

- ☐ Andere: _____

4.2 Kontaktaufnahme und Identifikation

In wieviel Prozent der Fälle werden Sie vom Maschinenbediener, Meister oder einem Mitarbeiter der IH-Abteilung kontaktiert?

	0%	10%	20%	30%	40%	50%	60%	70%	80%	90%
Maschinenbediener	O	O	O	O	O	O	O	O	O	O
Meister	O	O	O	O	O	O	O	O	O	O
Mitarbeiter der IH-Abteilung	O	O	O	O	O	O	O	O	O	O

Wie wird der Kontakt zu Ihnen aufgenommen und welchen prozentualen Anteil haben die einzelnen Medien dabei?

	0%	10%	20%	30%	40%	50%	60%	70%	80%	90%
Telefon	O	O	O	O	O	O	O	O	O	O
Fax	O	O	O	O	O	O	O	O	O	O
E-Mail	O	O	O	O	O	O	O	O	O	O
Video/Audio Konferenz	O	O	O	O	O	O	O	O	O	O
Internet	O	O	O	O	O	O	O	O	O	O
Andere:	O	O	O	O	O	O	O	O	O	O

_____

Teil 2

| Benchmarkstudie | Service | Ausfallbedingte Instandsetzung |

Zu welchen Zeiten ist Ihre Serviceabteilung in der Lage,

   a)   eine Störungsmeldung durch ein **Call-Center** entgegenzunehmen?

           Werktags   von:_____ bis:_____
           Wochenende   von:_____ bis:_____

   b)   eine Störungsmeldung durch einen **Innendienstmitarbeiter** entgegenzunehmen?

           Werktags   von:_____ bis:_____
           Wochenende   von:_____ bis:_____

   c)   eine Maßnahme zur Störungsbehebung einzuleiten?

           Werktags   von:_____ bis:_____
           Wochenende   von:_____ bis:_____

Wie sind Ihre Maschinen- bzw. Kundendaten abgelegt?

☐ Leitz - Ordner
☐ Karteikarten
☐ Computer

☐ Andere:_____

Wird von Ihnen eine Maschinenhistorie geführt?

☐ Ja   ☐ Nein

Werden Ihnen sämtliche konstruktiven Veränderungen an der Maschine durch den Kunden mitgeteilt?

☐ Ja   ☐ Nein

In wieviel Prozent der Fälle wird die zu ersetzende Baugruppe oder das Bauteil vom Kunden auf Anhieb richtig identifiziert?

        0%   10%   20%   30%   40%   50%   60%   70%   80%   90%
        O——O——O——O——O——O——O——O——O——O——

4.3 Störungsdiagnose und Störungsbehebung

In wieviel Prozent der Fälle erweist sich die zuerst gestellte Fehlerdiagnose als falsch?

        0%   10%   20%   30%   40%   50%   60%   70%   80%   90%
        O——O——O——O——O——O——O——O——O——O——

Besteht die Möglichkeit, Vermutungen bezüglich der Fehlerursache anhand einer baugleichen Maschine oder einer Computersimulation zu überprüfen?

Baugleiche Maschine   ☐ Ja   ☐ Nein
Computersimulation   ☐ Ja   ☐ Nein

Wie oft kommt es bei den von Ihnen betreuten Anlagen im Verlauf eines Jahres zu Störungen?

☐   0 – 50 Störungen
☐   50 – 100 Störungen
☐   100 – 250 Störungen
☐   250 – 500 Störungen
☐   über 500 Störungen

Bei wieviel Prozent der Fälle führt eine Störung zu Produktionsstillständen?

        0%   10%   20%   30%   40%   50%   60%   70%   80%   90%
        O——O——O——O——O——O——O——O——O——O——

| Benchmarkstudie | Service | Ausfallbedingte Instandsetzung |

Bei wieviel Prozent der eingehenden Serviceaufträge handelt es sich (von Kundenseite aus) um Aufträge mit höchster Priorität (Priorität 1, Sofortaufträge)?

0% 10% 20% 30% 40% 50% 60% 70% 80% 90%

Bei wieviel Prozent der eingehenden Serviceaufträge handelt es sich um Garantie-, Kulanzfälle oder berechnete Aufträge?

0% 10% 20% 30% 40% 50% 60% 70% 80% 90%

Garantiefälle

Kulanzfälle

Berechnete Aufträge

Wann geht die Maschinenverantwortung in die Hand des Kundendienstes über?

☐ nach Auslieferung
☐ nach Aufstellungsmontage
☐ nach betriebsfähiger Übergabe
☐ nach Garantieende

☐ Andere: _____

Wieviel Prozent der auftretenden Störungen werden durch Austausch einer Komponente, Reparatur, Update der Steuerungssoftware oder Erneuerung der Anlage behoben?

0% 10% 20% 30% 40% 50% 60% 70% 80% 90%

Austausch eines Normteils

Austausch eines Fertigungsteils

Update der Steuerungssoftware

Überholung der Anlage

Andere:

Existiert eine eindeutige Zuordnung, welcher Störungstyp von welchem Servicetechniker behoben werden soll (z.B. über Qualifizierungslisten)?

☐ Ja ☐ Nein

Auf welchen Medien liegt die Betriebsanleitung bzw. die Bedienungsanleitung vor?

☐ Papier (Handbuch)
☐ Online (Internet)
☐ Offline (CD-Rom/Diskette/Festplatte)

Wie sind die Servicetechniker eingeteilt?

☐ nach Kunde
☐ nach Anlagentyp
☐ nach Störungstyp (Mechanik/Elektronik/usw.)

Existieren Garantien Ihrerseits, die dem Kunden eine bestimmte Zeitspanne zwischen Eintreffen der Störungsmeldung und Eintreffen des Servicetechnikers vor Ort (Reaktionszeit) zusichern?

☐ Ja, immer   ☐ Ja, bei manchen Verträgen   ☐ Nein

Wenn JA, wie lang ist diese Zeitspanne?

zugesicherte Reaktionszeit: _____

Seite 11

| Benchmarkstudie | Service | Ausfallbedingte Instandsetzung |

Bei wieviel Prozent der von Ihnen betreuten Anlagen ist ein Online-Zugriff auf Maschinendaten, Online-Update der Steuerungssoftware und Teleservice (über Telefon, ISDN, usw.) möglich?

0%　10%　20%　30%　40%　50%　60%　70%　80%　90%

Wieviel Prozent Ihrer Einsätze sind Fehlalarme?

0%　10%　20%　30%　40%　50%　60%　70%　80%　90%

4.4 Ersatzteilwesen

*In wieviel Prozent der Fälle, in denen ein **kaufbares** Ersatzteil (Kaufteil) benötigt wird, wird dieses von Ihnen selbst (Servicetechniker) oder vom Kunden montiert?*

0%　10%　20%　30%　40%　50%　60%　70%　80%　90%

Selbst

Kunde

*In wieviel Prozent der Fälle, in denen ein **extra gefertigtes** Ersatzteil (Fertigungsteil) benötigt wird, wird dieses von Ihnen selbst (Servicetechniker) oder vom Kunden montiert?*

0%　10%　20%　30%　40%　50%　60%　70%　80%　90%

Selbst

Kunde

In wieviel Prozent der Fälle ist das erforderliche Ersatzteil bereits am Lager vorhanden oder muss erst noch bestellt werden?

0%　10%　20%　30%　40%　50%　60%　70%　80%　90%

Ersatzteil vorrätig

Ersatzteil muss extern bestellt werden

Existieren Garantien Ihrerseits, nach welcher Zeitspanne das Ersatzteil spätestens beim Kunden vorliegen muß?

☐ Ja ☐ Nein

↳ *Wenn JA, wie lange ist diese Zeitspanne?*

wenn Ersatzteil vorhanden: _____

wenn Ersatzteil extern bestellt werden muss: _____

Wer führt die Bestellung aus?

☐ Service-Innendienst
☐ Einkauf

☐ Andere: _____

Ist Ihr Ersatzteillager zentral, dezentral oder gemischt zentral-dezentral organisiert?

☐ Zentral
☐ Dezentral
☐ Konsignationsläger

☐ Andere: _____

| Benchmarkstudie | Service | Ausfallbedingte Instandsetzung |

Über welche Kanäle können bei Ihnen vom Kunden Ersatzteile angefordert werden?

- ☐ Auftragszettel
- ☐ Telefon
- ☐ Fax
- ☐ E-Mail
- ☐ Internet
- ☐ Andere: _____

Treten Fehllieferungen von Ersatzteilen auf?

☐ Ja ☐ Nein

↳ *Wenn JA, wieviel Prozent der Ersatzteillieferungen sind Fehllieferungen?*

0% 10% 20% 30% 40% 50% 60% 70% 80% 90%
O——O——O——O——O——O——O——O——O——O——

4.5 Nachbereitung und Dokumentation

Wird bei Ihnen standardmäßig ein Protokoll erstellt nach

Inspektionsvorgang	☐ Ja	☐ Nein
Störfall/Servicefall	☐ Ja	☐ Nein

Werden in diesem Protokoll explizit Symptom, Ursache und Lösung angegeben?

Symptom	☐ Ja	☐ Nein
Ursache	☐ Ja	☐ Nein
Lösung	☐ Ja	☐ Nein

Werden die Protokolle

Zur Arbeitsvorbereitung späterer Stör-/Servicefälle genutzt	☐ Ja	☐ Nein
An den Kunden weitergeleitet	☐ Ja	☐ Nein
Zur Schwachstellenanalyse an die Konstruktion weitergeleitet	☐ Ja	☐ Nein

Arbeiten Sie mit vordefinierten Standard-Servicefällen?

☐ Ja ☐ Nein

Bei wieviel Prozent der Stör-/Servicefälle handelt es sich um ein Problem, das bereits in einem Störungsprotokoll dokumentiert wurde?

0% 10% 20% 30% 40% 50% 60% 70% 80% 90%
O——O——O——O——O——O——O——O——O——O——

*Verwenden sie ein IPS-System (**I**nstandhaltungs-, **P**lanungs- und **S**teuerungssystem), welches die Nachbereitung unterstützt?*

☐ Ja ☐ Nein

↳ *Wenn JA, welches?*

Teil 2   81

Benchmarkstudie   Service   Ausfallbedingte Instandsetzung

Wie werden die verschiedenen Dokumente abgelegt?

Anleitungen können sein: Inspektionsanleitung, Wartungsanleitung, Bedienungsanleitung
Pläne können sein: Inspektionspläne, Wartungspläne, Baupläne
Protokolle können sein: Dokumentierte Fälle erfolgreich durchgeführter Inspektionen, Wartungen, Instandsetzungen

	Anleitungen		Pläne		Protokolle	
Papier	☐ Ja	☐ Nein	☐ Ja	☐ Nein	☐ Ja	☐ N
elektronische Ablage in IPS-System	☐ Ja	☐ Nein	☐ Ja	☐ Nein	☐ Ja	☐ N
andere elektronische Ablage	☐ Ja	☐ Nein	☐ Ja	☐ Nein	☐ Ja	☐ N
andere:	☐ Ja	☐ Nein	☐ Ja	☐ Nein	☐ Ja	☐ N

Welche Personen haben (jederzeit, unbeschränkt, direkt) Zugriff auf die verschiedenen Dokumente?

	Anleitungen		Pläne		Protokolle	
Maschinenbediener	☐ Ja	☐ Nein	☐ Ja	☐ Nein	☐ Ja	☐ N
Meister	☐ Ja	☐ Nein	☐ Ja	☐ Nein	☐ Ja	☐ N
Mitarbeiter der IH-Abteilung	☐ Ja	☐ Nein	☐ Ja	☐ Nein	☐ Ja	☐ N

Welche dieser Dokumente liegen direkt am Arbeitsplatz des Maschinenbedieners vor?

Anleitungen   ☐ Ja   ☐ Nein
Pläne   ☐ Ja   ☐ Nein
Protokolle   ☐ Ja   ☐ Nein

Wird der Kontakt zum Kunden nach Behebung der Störung aufrechterhalten (wird z.B. beim Kunden ein Feedback über die erbrachte Leistung eingeholt)?

☐ Ja   ☐ Nein

Führen Sie Kundenzufriedenheitsanalysen durch?

☐ Ja   ☐ Nein

Benchmarkstudie　　　　Service　　　　Effektivität und Kennzahlen

5 Effektivität und Kennzahlen

Sind in Ihrem Unternehmen die Garantiekosten bekannt?

☐ Ja ☐ Nein

Geben Sie bitte den Wert der folgenden Kennzahlen für das vergangene Jahr an.
(sofern diese Kennzahlen vorliegen oder von Ihnen errechnet werden können)

Kennzahl 1:

Def.: $\dfrac{\text{Erlösfähige Aufträge}}{\text{Garantieleistungen}}$　　　　Wert: _____

Kennzahl 2:

Def.: $\dfrac{\text{Garantieleistung}}{\text{Umsatz}}$　　　　Wert: _____

Kennzahl 3 (Vergabegrad):

Def.: $\dfrac{\text{Fremdleistung}}{\text{Eigenleistung}}$　　　　Wert: _____

Servicegrad:
Def.: durchschnittliche Zeit von Eingang der Servicemeldung bis Eintreffen des Technikers vor Ort

　　　　Wert: _____

Liefergrad der Ersatzteile:
Def.: durchschnittliche Zeit ab Ersatzteilbestellung bis Eintreffen des Ersatzteils beim Kunden

　　　　Wert: _____

Welche weiteren (aussagekräftigen) Kennzahlen werden von Ihnen verwendet?
(Bitte geben Sie sowohl Definition als auch Bezeichnung der Kennzahl sowie deren Wert im letzten Jahr an)

Kennzahl A:

Def.: _____

　　　　Wert: _____

Kennzahl B:

Def.: _____

　　　　Wert: _____

Kennzahl C:

Def.: _____

　　　　Wert: _____

Kennzahl D:

Def.: _____

　　　　Wert: _____

Teil 2

Benchmarkstudie — Service — Letzte Seite

Weitere Anregungen

Ein Fragebogen kann immer nur einen Teil der relevanten Aspekte eines Themengebiets umfassen.
Haben Sie darüber hinaus weitere Anregungen, Kritik oder Vorschläge?

_____
_____
_____
_____
_____
_____
_____
_____
_____
_____
_____
_____
_____
_____
_____
_____
_____
_____
_____
_____

Bitte vermerken Sie hier, ob Sie an weiteren Informationen interessiert sind.

☐ Ja, ich bin an **weiteren Informationen zu IAO Projekten** interessiert.

Nochmals vielen Dank für Ihre Kooperation bei der Beantwortung des Fragebogens!

_____   _____
Datum   Unterschrift

8 Ergebnisse

8.1 Ihr Unternehmen

8.1.1 Branche

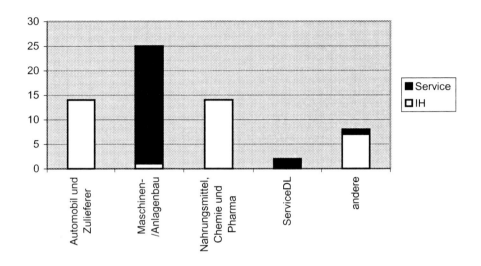

8.1.2 Produktionstyp

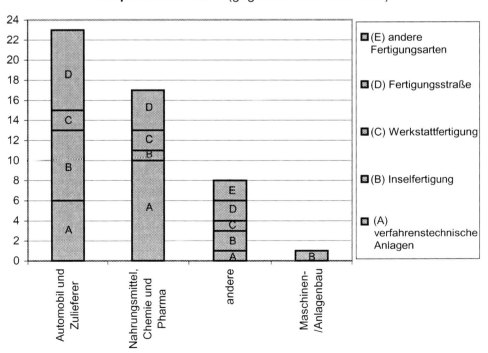

Teil 2

8.1.3 Mitarbeiter

Wieviele Mitarbeiter sind in Ihrem Unternehmen beschäftigt? (IH)

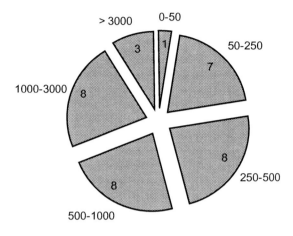

Wieviele Mitarbeiter sind in Ihrem Unternehmen beschäftigt? (Service)

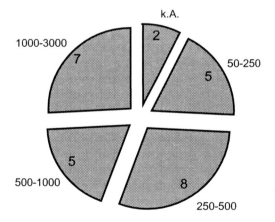

**Geben Sie bitte die Anzahl der Mitarbeiter an:
Gesamt, Produktion, IH-Abteilung** (IH)

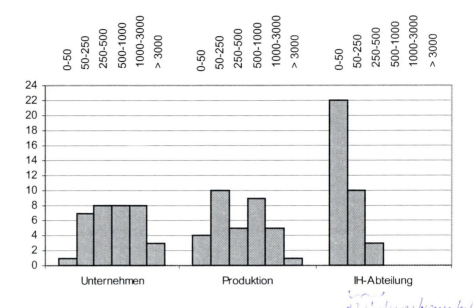

Wie viele Mitarbeiter umfasst Ihre Serviceabteilung ?

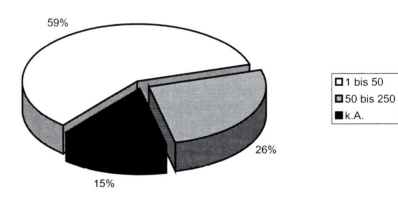

8.1.4 Organisations- und Personalstruktur

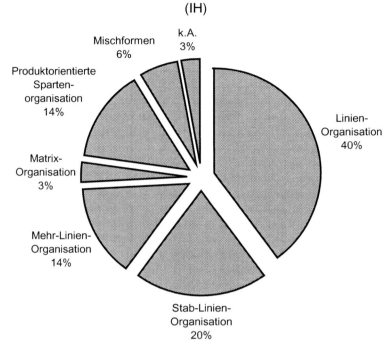

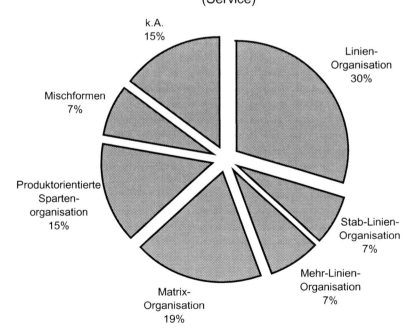

Organisationsformen nach Branchen gegliedert

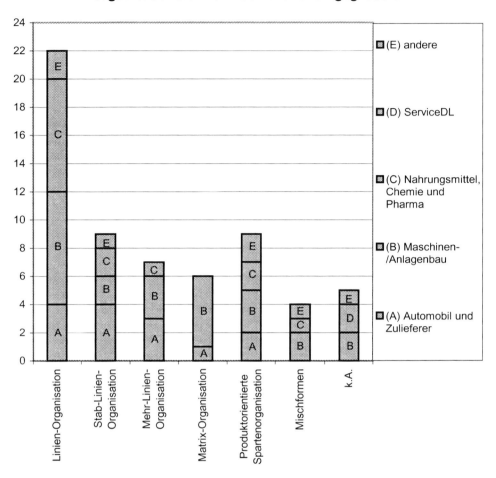

Wird in Ihrem Unternehmen in Gruppen gearbeitet, und wenn Ja, sind die Mitarbeiter der IH-Abteilung in diese Gruppen integriert ? (IH)

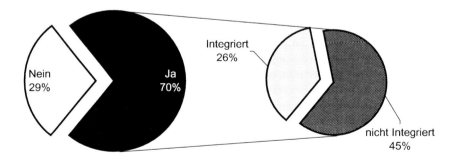

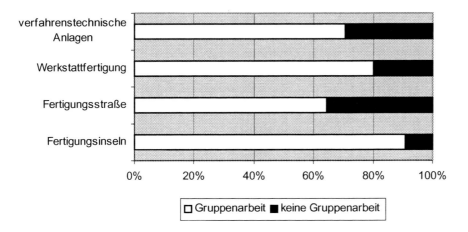

Über welche Qualifikationen verfügen die Mitarbeiter der Produktion?

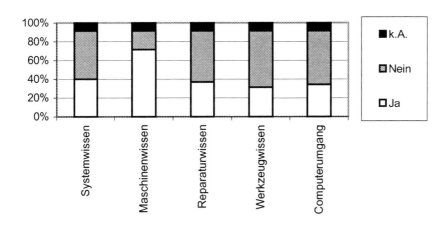

8.1.5 Organisation der IH- bzw. Serviceabteilung

Wie ist Ihre IH-Abteilung organisiert, und sind einzelne IH-Werkstätten spezialisiert? (IH)

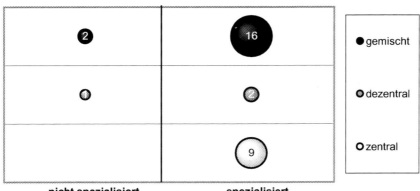

Existiert ein zentraler Servicestützpunkt, mehrere dezentrale oder eine Mischform aus zentralem und dezentralen Servicestützpunkten ?

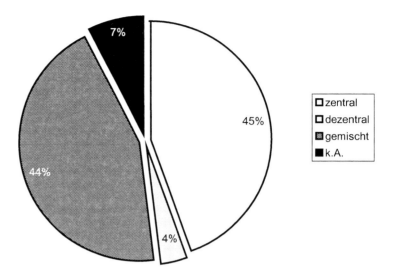

Handelt es sich bei Ihrer Serviceabteilung um ein Profit Center ?

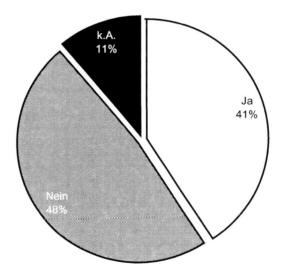

8.1.6 Eigen- oder Fremdinstandhaltung

Wieviel Prozent der von Ihnen betreuten Anlagen werden fremd instandgehalten ?

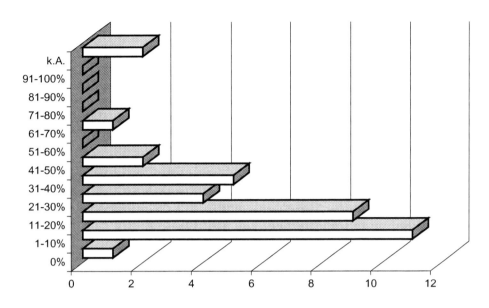

Welche Gründe waren für Sie, bei der Entscheidung Leistungen Fremd zu vergeben von besonderer Bedeutung ? (IH)

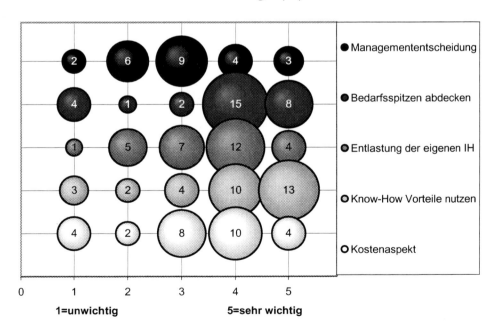

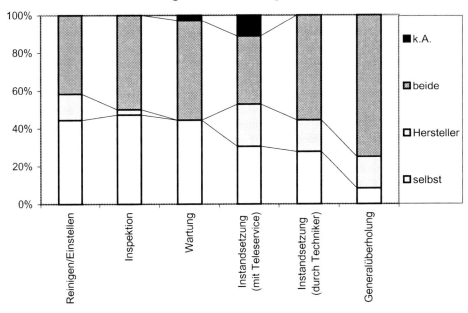

8.1.7 Neue Kommunikationsmittel

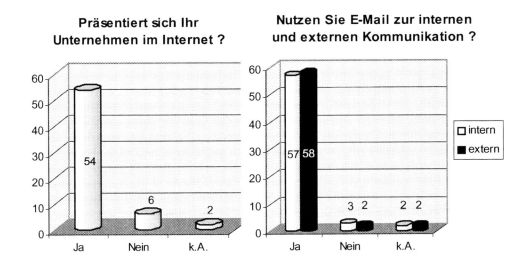

8.1.8 Dienstleistungen und Serviceelemente

Welche Dienstleistungen bzw. Serviceelemente bieten Sie Ihren Kunden an? (Service)

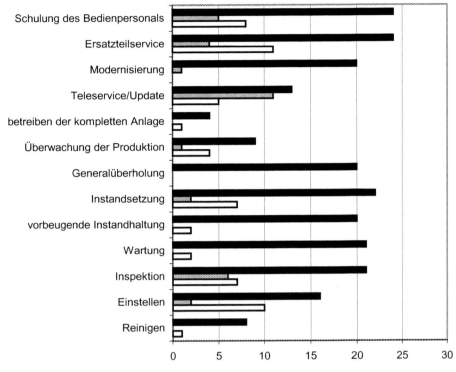

Welche Formen des Teleservice bieten Sie an?

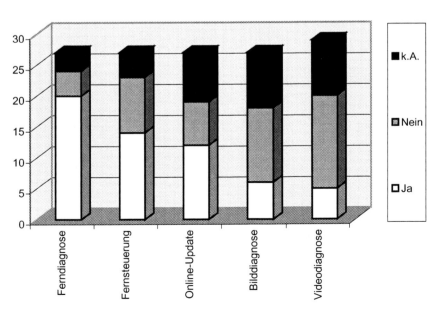

Bieten Sie Ihren Kunden Standard-Servicepakete an, oder kann sich der Kunde ein individuelles Servicepaket zusammenstellen ?

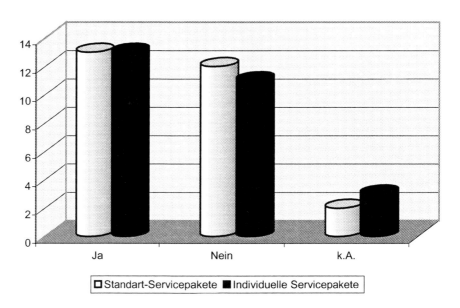

8.2 Inspektion und Wartung

Bei wieviel Prozent der von Ihnen betreuten Anlagen führen Sie regelmäßige *Inspektionen* nach Inspektionsplan und Inspektionsanleitung durch ?

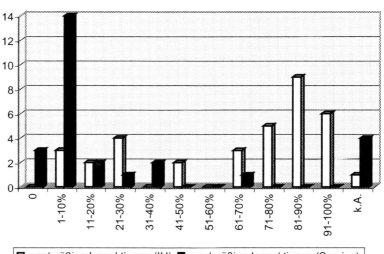

Bei wieviel Prozent der von Ihnen betreuten Anlagen werden regelmäßige *Wartungen* nach Wartungsplan bzw. Wartungsanleitung durchgeführt ? (IH)

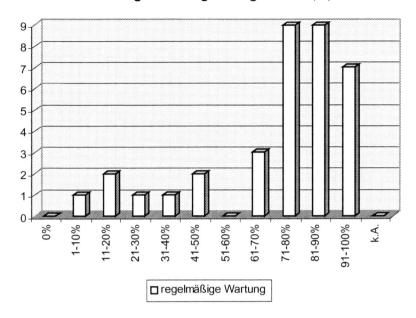

Auf welchen Medien liegen Inspektionsplan bzw. Inspektionsanleitung vor ?

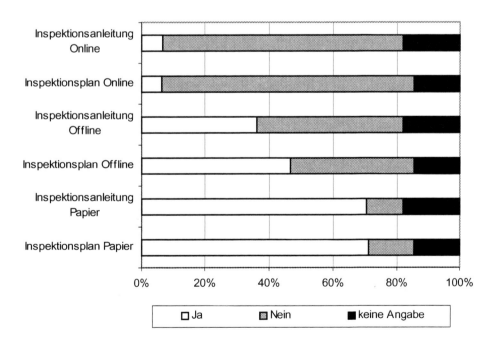

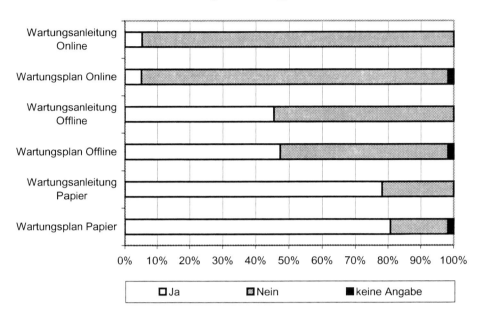

Auf welchen Medien liegen Wartungsplan bzw. Wartungsanleitung vor?

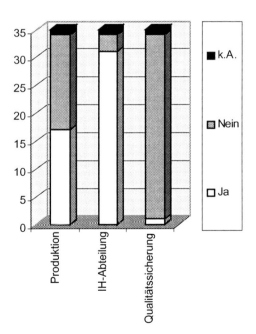

In welcher Abteilung liegen *Inspektions*plan bzw. *Inspektions*anleitung vor? (IH)

In welcher Abteilung liegen *Wartungs*plan bzw. *Wartungs*anleitung vor? (IH)

Werden die *Inspektions*pläne von Ihnen an die jeweilige unternehmens- bzw. kundenspezifische Situation angepasst ?

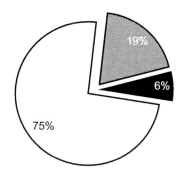

Werden die *Wartungs*pläne an Ihre unternehmensspezifische Situation angepasst ? (IH)

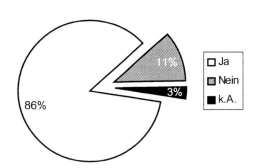

Werden die *Inspektions*pläne an Ihre unternehmensspezifische Situation angepasst, und wenn Ja, werden diese Veränderungen an den Hersteller zurückgemeldet ? (IH)

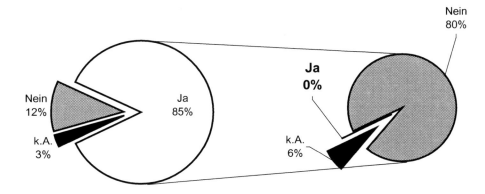

Werden die *Inspektions*intervalle bzw. deren Einhaltung elektronisch überwacht ?

Werden die *Wartungs*intervalle bzw. deren Einhaltung elektronisch überwacht ?
(IH)

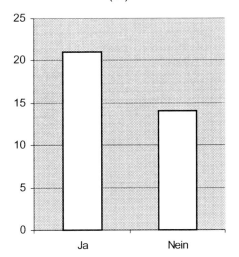

Gibt es Abweichungen vom Inspektionsplan ?

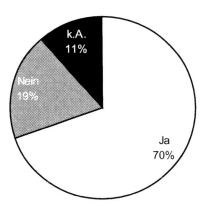

k.A. 11%
Nein 19%
Ja 70%

Gibt es Abweichungen vom Wartungsplan ?

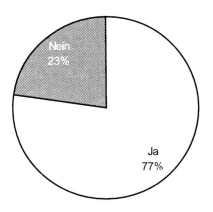

Nein 23%
Ja 77%

Schätzen Sie ein, welcher Anteil des gesamten Inspektionsaufwandes auf die verschiedenen Personen entfällt. (IH)

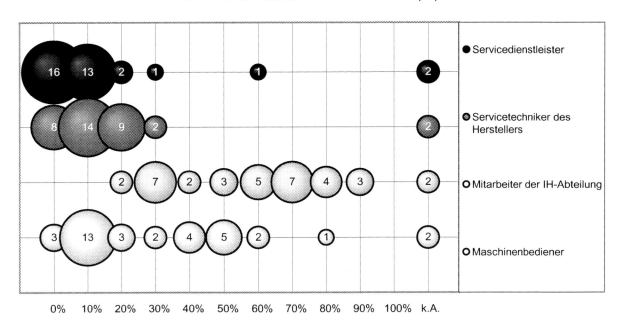

Schätzen Sie ein, welcher Anteil des gesamten Wartungsaufwandes auf die verschiedenen Personen entfällt. (IH)

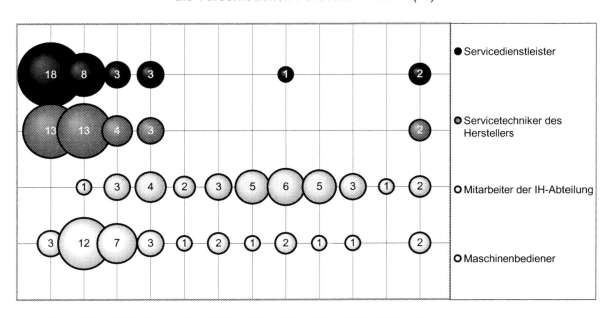

Werden regelmäßige *Inspektionen* mit geplanten Stillständen koordiniert und wenn JA, sind außerhalb der geplanten Stillstände zusätzliche Stillstände für Inspektionen notwendig ? (IH)

Werden regelmäßige *Wartungen* mit geplanten Stillständen koordiniert und wenn JA, sind außerhalb der geplanten Stillstände zusätzliche Stillstände für Wartungen notwendig ? (IH)

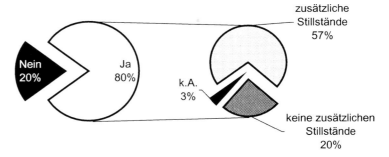

8.3 Ausfallbedingte Instandsetzung

8.3.1 Störungserkennung, -beschreibung und –erfassung

In wieviel Prozent der Fälle äußert sich eine Störung der von Ihnen betreuten Anlagen durch

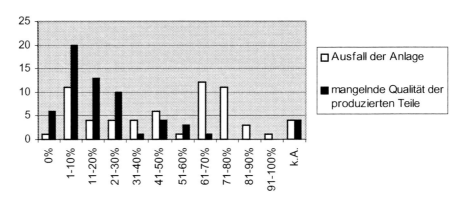

Wieviel Prozent der in den von Ihnen betreuten Anlagen durchläuft eine vollautomatische bzw. händische Qualitätsprüfung ?

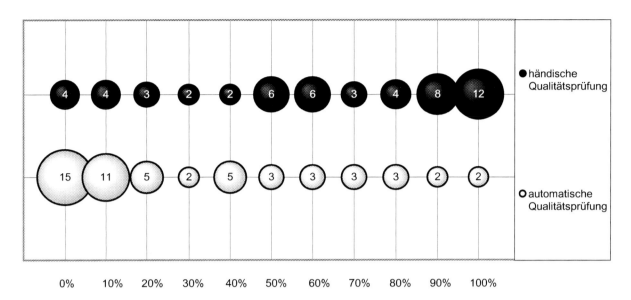

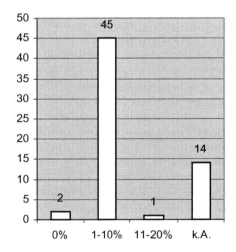

Wieviel Prozent Ihrer Gesamtproduktion ist Ausschuss ?

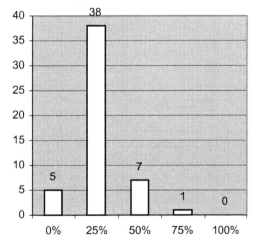

Schätzen Sie ein, welcher Anteil des Ausschusses auf Maschinenstörungen zurückzuführen ist.

Wie hoch ist der Anteil der Störungen, die von den verschiedenen Personen erkannt werden ?

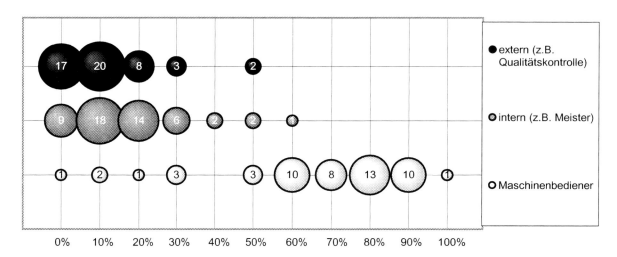

Wird bei Ihnen firmenintern eine Störungsstatistik geführt ?

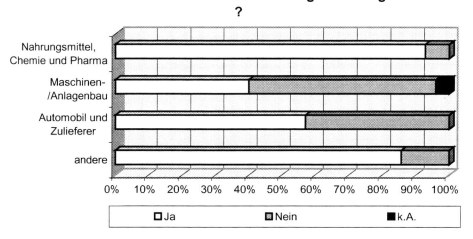

In wieviel Prozent der Fälle kann der Maschinenbediener alleine die Störung korrekt beschreiben, in wieviel Prozent der Fälle ist zusätzlich ein Mitarbeiter der IH-Abteilung notwendig ? (IH)

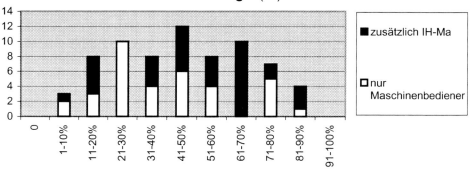

In wieviel Prozent der Fälle kann der Kunde allein die Störung korrekt beschreiben, in wieviel Prozent der Fälle ist zusätzlich Teleserviceeinsatz oder der Einsatz eines Servicetechnikers notwendig ? (Service)

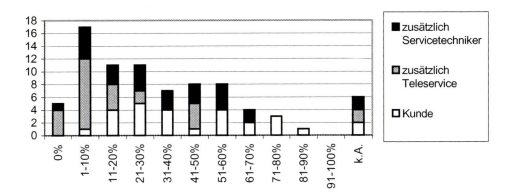

Schätzen Sie ein, welcher Anteil des gesamten Zeitaufwandes für die Störungsbehebung auf die Fehlerlokalisierung entfällt.

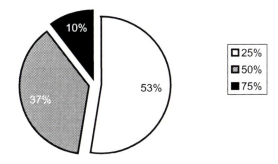

Welche Medien stehen dem Maschinenbediener/Meister bzw. dem Kunden zur Verfügung, um die Störungssymptome zu beschreiben ?

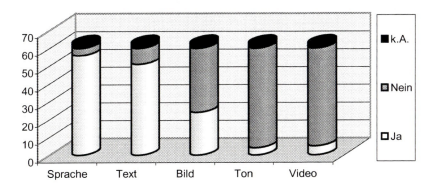

Existieren Verständigungsschwierigkeiten mit den Mitarbeitern/Kunden ?

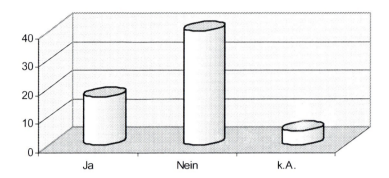

Wie wird eine Störung erfasst ? (IH)

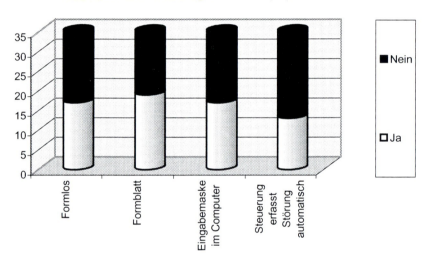

Wie wird eine Störung erfasst ? (Service)

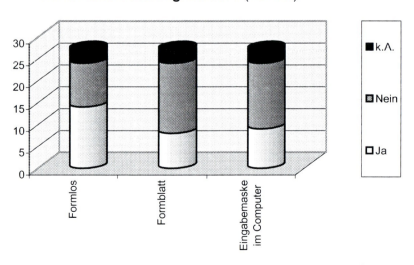

8.3.2 Kontaktaufnahme und Identifikation

In wieviel Prozent der Fälle werden Sie von den verschiedenen Personen kontaktiert ? (IH)

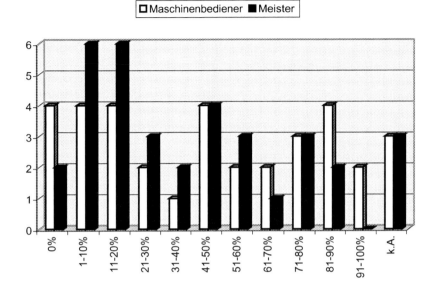

In wieviel Prozent der Fälle werden Sie von den verschiedenen Personen kontaktiert ? (Service)

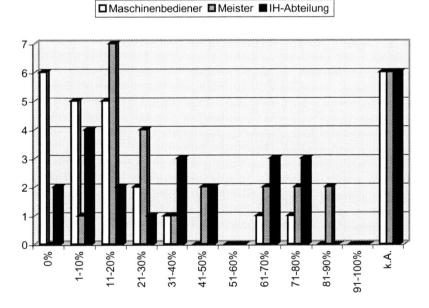

Wie wird der Kontakt zu Ihnen aufgenommen und welchen prozentualen Anteil haben die einzelnen Medien dabei ? (IH)

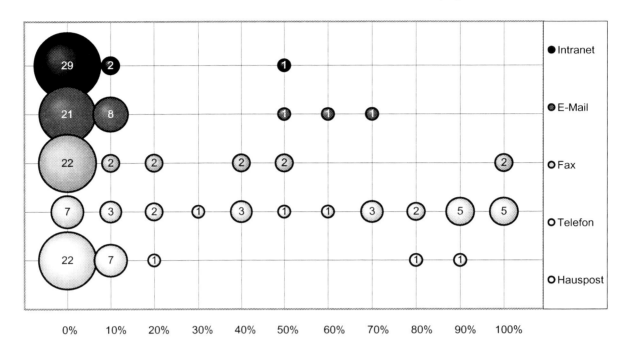

Wie wird der Kontakt zu Ihnen aufgenommen und welchen prozentualen Anteil haben die einzelnen Medien dabei ? (Service)

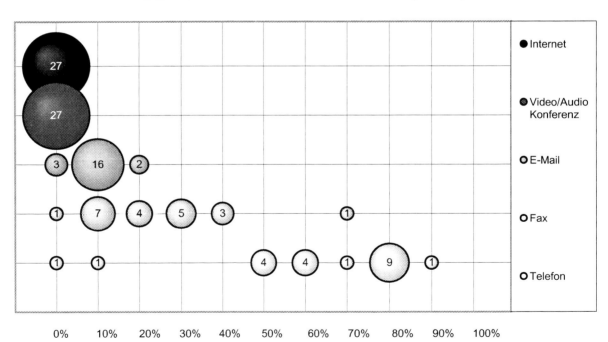

Zu welchen Zeiten ist Ihre IH-Abteilung in der Lage, eine Störungsmeldung entgegenzunehmen?

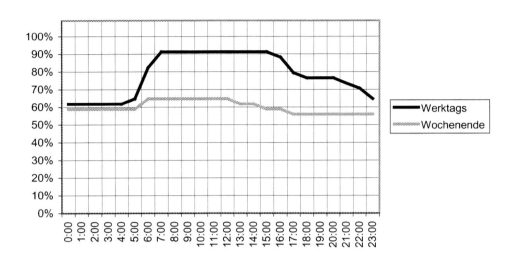

Zu welchen Zeiten ist Ihre IH-Abteilung in der Lage, eine Maßnahme zur Störungsbeseitigung einzuleiten?

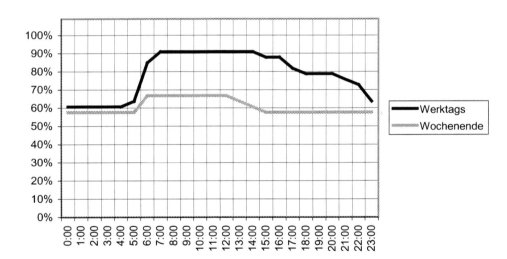

Zu welchen Zeiten ist Ihre Serviceabteilung in der Lage, eine Störungsmeldung durch ein Call-Center entgegenzunehmen ?

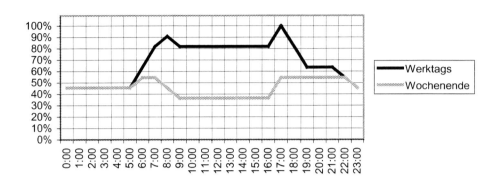

Zu welchen Zeiten ist Ihre Serviceabteilung in der Lage eine Störungsmeldung durch einen Innendienstmitarbeiter entgegenzunehmen ?

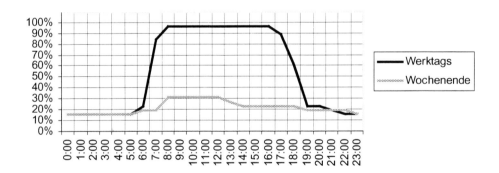

Zu welchen Zeiten ist Ihre Serviceabteilung in der Lage, eine Maßnahme zur Störungsbeseitigung einzuleiten ?

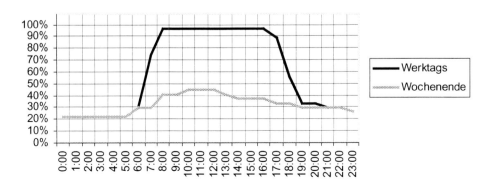

Bei wieviel Prozent der Aufträge handelt es sich um Aufträge mit höchster Priorität (Sofortaufträge) ?

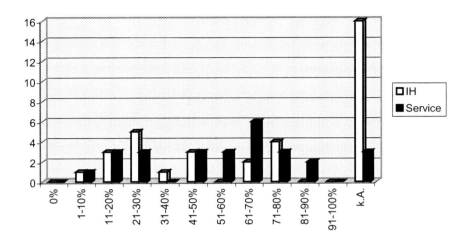

Wie sind Ihre Maschinen- bzw. Kundendaten abgelegt ?

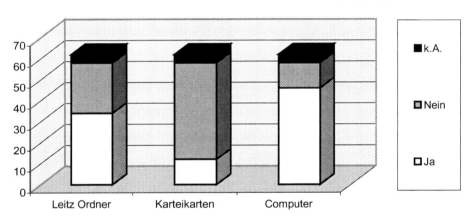

Wird von Ihnen eine Maschinenhistorie geführt ?

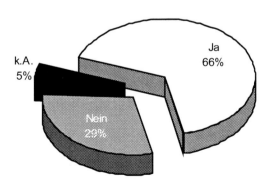

Werden Ihnen sämtliche konstruktiven Veränderungen an der Maschine durch den Kunden mitgeteilt ?

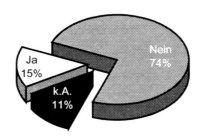

In wieviel Prozent der Fälle wird die zu ersetzende Baugruppe oder das Bauteil vom Maschinenbediener/Kunde auf Anhieb richtig identifiziert ?

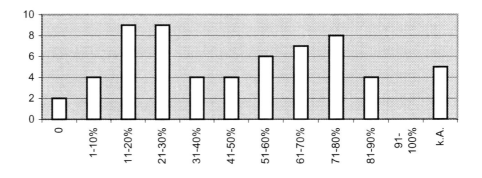

8.3.3 Störungsdiagnose und Störungsbehebung

In wieviel Prozent der Fälle erweist sich die zuerst gestellte Fehlerdiagnose als falsch ? (Service)

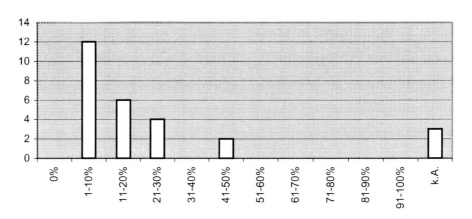

Besteht die Möglichkeit, Vermutungen bezüglich der Fehlerursache anhand einer baugleichen Maschine oder einer Computersimulation zu überprüfen ?

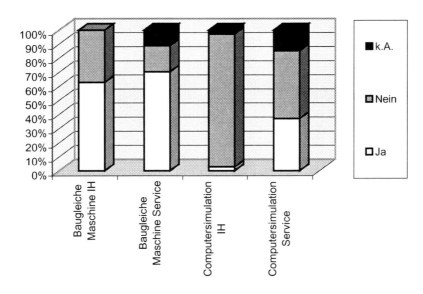

Wie ist das Verhältnis von pro-aktiver zu reaktiver IH ?

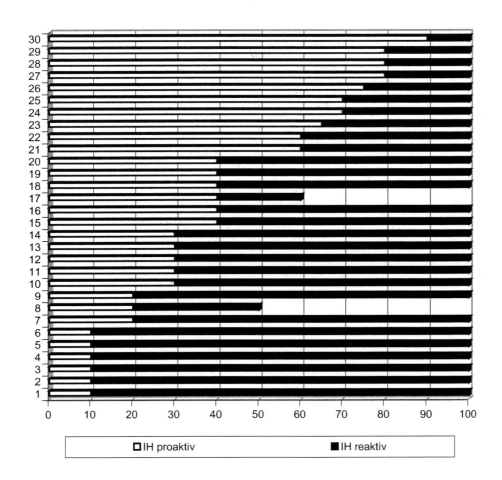

Bei wieviel Prozent der Fälle führt eine Störung zu Produktionsstillständen ?

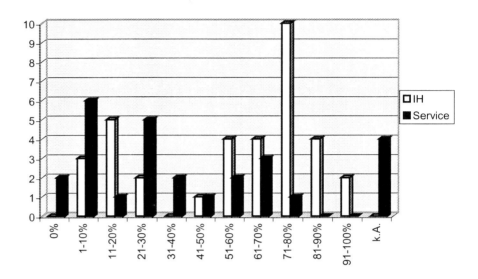

Bei wieviel Prozent der eingehenden Serviceaufträge handelt es sich um Garantie-, Kulanzfälle oder berechnete Aufträge ? (Service)

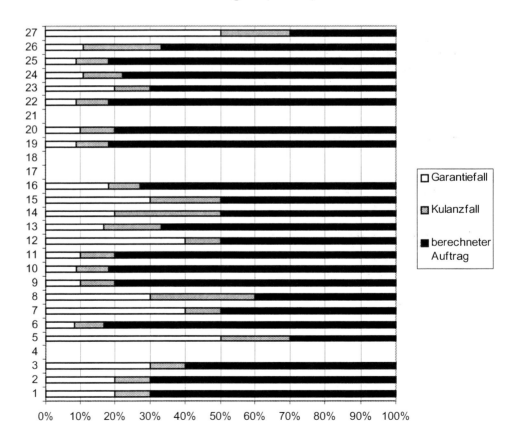

Wieviel Prozent der auftretenden Störungen werden durch Reparatur, Austausch einer Komponente oder Update der Steuerungssoftware behoben? (IH)

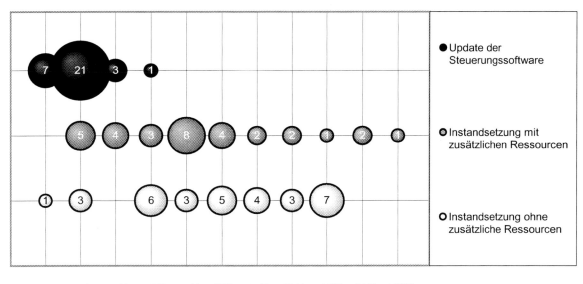

Wieviel Prozent der auftretenden Störungen werden durch eine dieser Möglichkeiten behoben? (Service)

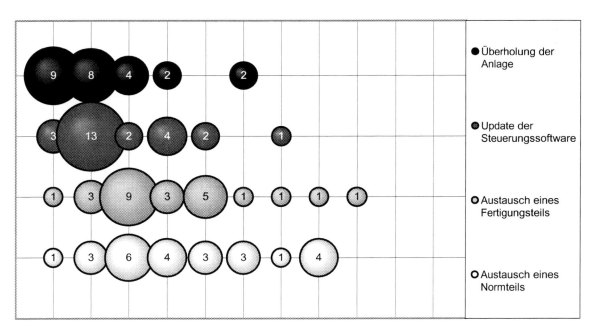

Schätzen Sie ein, wieviel Prozent der auftretenden Störungen von den verschiedenen Personen beseitigt werden. (IH)

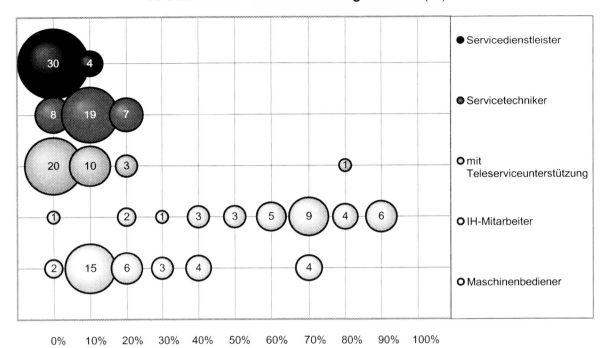

Schätzen Sie ein, wie viel Zeit für die Fähigkeitsschulung von Maschinenbedienern aufgewendet wird. (IH)

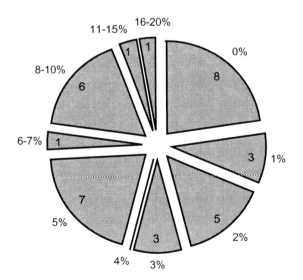

Existieren Garantien Ihrerseits, die dem Kunden eine gewisse Zeitspanne zwischen Eingehen der Störungsmeldung und Eintreffen des Servicetechnikers vor Ort zusichern ? (Service)

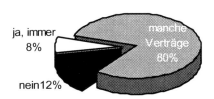

Bei wieviel Prozent der von Ihnen betreuten Anlagen ist ein Online-Zugriff auf Maschinendaten bzw. Maschinensteuerung oder ein Online-Update der Steuerungssoftware möglich ?

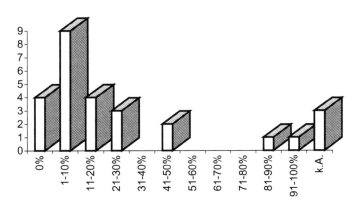

Nutzen Sie Teleserviceangebote des Herstellers bzw. von Drittfirmen ? (IH)

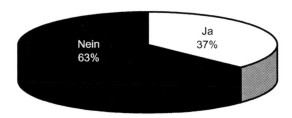

8.3.4 Ersatzteilwesen

In wieviel Prozent der Fälle ist das erforderliche Ersatzteil am Lager vorhanden ?

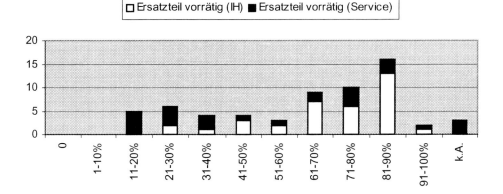

In wieviel Prozent der Fälle muss das erforderliche Ersatzteil erst noch bestellt werden ?

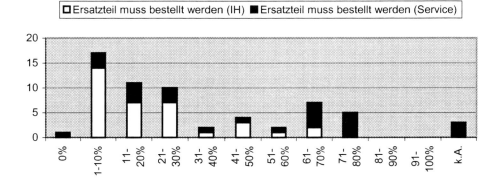

In wieviel Prozent der Fälle, in denen ein *kaufbares* Ersatzteil (Kaufteil) benötigt wird, wird dieses von Ihnen selbst oder vom Kunde montiert ? (Service)

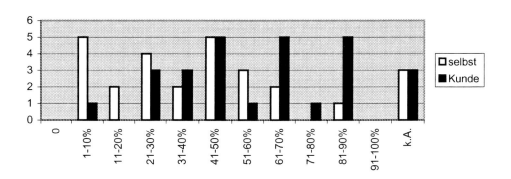

In wieviel Prozent der Fälle, in denen ein *extra gefertigtes* Ersatzteil (Fertigungsteil) benötigt wird, wird dieses von Ihnen selbst oder vom Kunden montiert ? (Service)

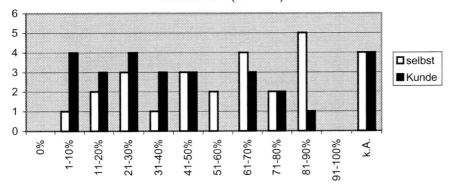

Wie ist Ihr Ersatzteillager organisiert ? (IH)

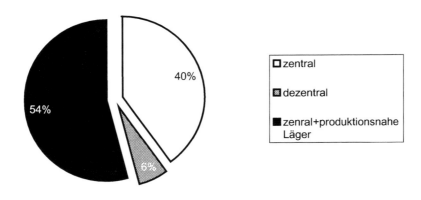

Wie ist Ihr Ersatzteillager organisiert ? (Service)

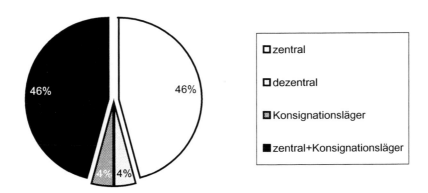

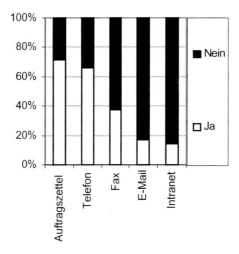
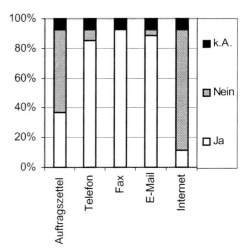

8.3.5 Nachbereitung und Dokumentation

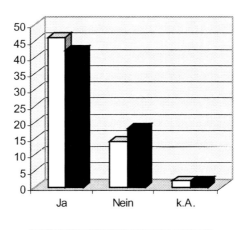
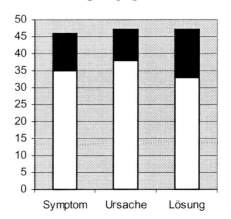

Wofür werden die Protokolle der Störfälle genutzt ? (IH)

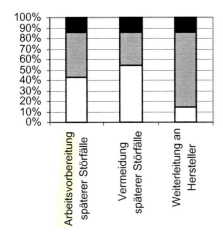

Wofür werden die Protokolle der Störfälle genutzt ? (Service)

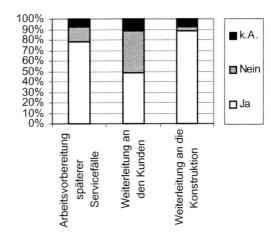

Arbeiten Sie mit vordefinierten Standardaufträgen ?

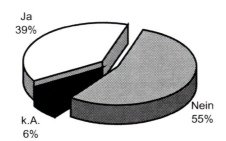

Bei wieviel Prozent der Störfälle handelt es sich um ein Problem, das bereits in einem Störungsprotokoll dokumentiert wurde ?

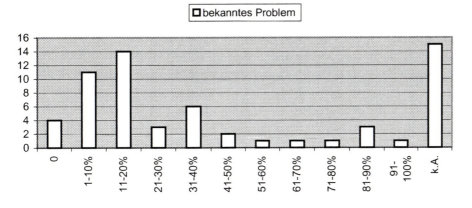

Verwenden Sie ein IPS-System ?

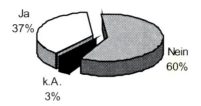

Wie werden die verschiedenen Dokumente abgelegt ?

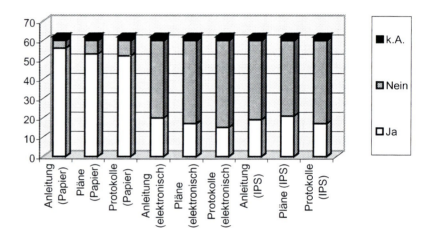

Welche Personen haben Zugriff auf die verschiedenen Dokumente ?

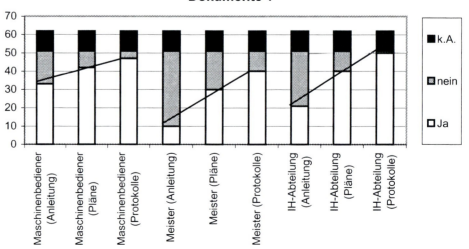

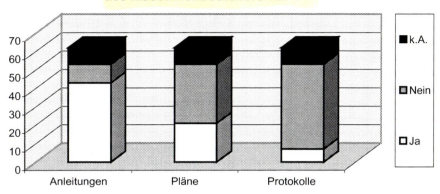

8.4 Modernisierung

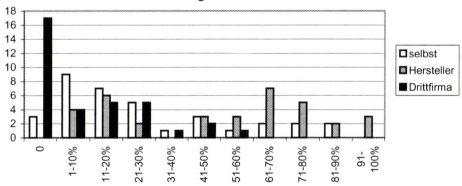

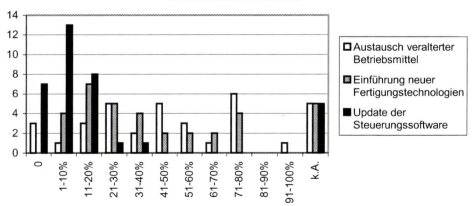

Werden Verfügbarkeitsanalysen bei Neuinvestitionen durchgeführt ?

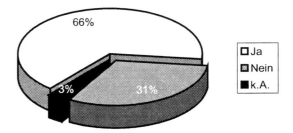

Spielt das Serviceangebot des Herstellers bei Neuinvestitionen eine Rolle ?

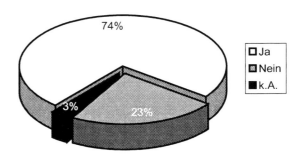

8.5 TPM / KVP

Besteht eine TPM-Vision für Ihr Unternehmen ?

Existieren in Ihrem Unternehmen folgende TPM-Elemente ?

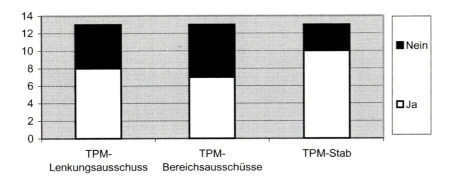

Werden TPM-Grundsätze oder TPM-Informationen an alle Mitarbeiter weitergeleitet ?

Werden IH-Kosten pro Anlage budgetiert ?

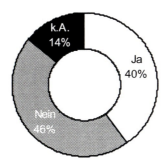

Werden bezüglich der IH-Kosten Soll-Ist-Vergleiche angestellt ?

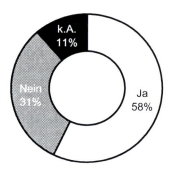

Werden die IH-Kosten den Maschinenbedienern mitgeteilt ?

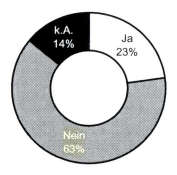

Gibt es in Ihrem Unternehmen einen formellen und funktionierenden Kontinuierlichen Veränderungsprozess (KVP) ?

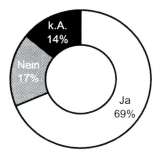

Werden Projektresultate veröffentlicht?

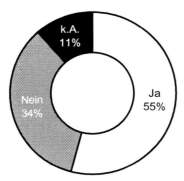

Anhang A: Projektbeschreibung PRESERVE

preSERVE

**Productivity Engineering
for
innovative Production
Technologies
by Knowledge-Based
Service Networks**

I·A·T Institut
Arbeitswissenschaft und
Technologiemanagement
Universität Stuttgart

**Institut
Arbeitswissenschaft und
Technologiemanagement**

Universität Stuttgart

Nobelstraße 12
D - 70569 Stuttgart

Kontakt:

Dipl.-Inf. Axel Benz
Telephon: +49 (0)711 / 970-2289
Telefax: +49 (0)711 / 970-2192
E-mail: axel.benz@iao.fhg.de
URL: http://www.preserve.iao.fhg.de

Verfügbarkeit verketteter Produktionsanlagen

Die angestrebte Verfügbarkeit einer verketteten Produktionsanlage wird heute in der Planungsphase durch bilaterale Standardverträge zwischen dem Maschinenhersteller und dem Anlagenbetreiber festgelegt. Insbesondere bei der Anwendung innovativer Produktionstechnologien erweist sich dieses Vorgehen jedoch als nicht praktikabel. Der positive Einfluß einer umfassenden Kooperation der Lieferanten auf die Anlagenverfügbarkeit wird vernachlässigt. Um möglichst schnell eine stabile und vorhersehbare Anlagenverfügbarkeit zu erreichen, sind substantiell neue Konzepte der unternehmensübergreifenden Zusammenarbeit gefragt.

baut. Hierfür führt PRESERVE folgende Maßnahmen durch:

Analyse: In PRESERVE werden die Geschäftsprozesse, welche beim Anlagenbetreiber und zwischen Anlagenbetreiber und Zulieferern ablaufen, analysiert. Um die besten Strategien bezüglich Organisationsentwicklung, Qualifizierung, IT-Unterstützung und Kennzahleneinsatz bei Service und Instandhaltung herauszufinden, werden in einer Benchmarkstudie Unternehmen verschiedener Branchen (u.a. Automobilbau) befragt.

Reorganisation: Die vorhandene Instandhaltungsorganisation wird zu einem unternehmensübergreifenden Servicenetzwerk ausgebaut. Hierzu werden die aktuellen Instandhaltungskonzepte wie DAPV (Dezentrale Anlagen- und Prozeßverantwortung), RCM (Reliability Centered Meintenance), TPM (Total Productive Maintenance) durch Einbeziehung von Geschäftsprozessen zwischen den Firmen zu einer die ganze Anlage umfassenden, lernenden und unternehmensübergreifenden Serviceorganisation erweitert.

Wissensmanagement: Ein wichtiger Faktor für die Instandhaltung ist die Weitergabe von Erfahrungen. Erfahrungen mit der Anlage müssen sowohl den Maschinenbedienern als auch verschiedenen Abteilungen des Anlagenbetreibers (z.B. Ersatzteilbestellung, Planung, Controlling) und der Maschinenlieferanten (z.B. Technischer Kundendienst, Konstruktion) zur Verfügung stehen. In PRESERVE wird dieses Wissensmanagement computergestützt verwirklicht.

Managementkonzepte bei Service und Instandhaltung

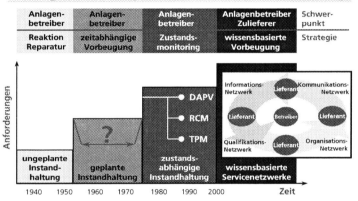

Wissenspartnerschaft

Die Verfügbarkeit der Anlage steht und fällt mit der Leistungsfähigkeit von Service und Instandhaltung. Mit dem Ziel, gemeinsam eine lernende Organisation für Service und Instandhaltung zu etablieren, wird in PRESERVE eine Wissenspartnerschaft zwischen den Maschinenlieferanten und dem Anlagenbetreiber aufgebaut. Servicefälle sollen vermieden oder möglichst günstig bearbeitet werden.

Ganzheitlicher Ansatz

Die Wissenspartnerschaft umfaßt alle an Service und Instandhaltung beteiligten Personen. Um deren Wissen, Können und Wollen in Richtung einer höheren Verfügbarkeit zu lenken, werden Kommunikations-, Organisations-, Informations- und Qualifikationsnetze aufge-

IT-Systeme: In PRESERVE werden internetbasierte, multimediale Plattformen für Kommunikation, Prozessdatencontrolling, Kennzahlenvisualisierung und Wissensmanagement entwickelt.

Produktionstechnologie

In PRESERVE wird die Verfügbarkeit einer Aluminium-Thixocastinganlage betrachtet. Thixocasting ist eine neue Technologie, bei der Metalllegierungen in einem Mischzustand zwischen fest und flüssig in Druckgussanlagen verarbeitet werden. Gegenüber dem klassischen Spritzguß hat Thixocasting Vorteile wie niedrigerer Energieverbrauch, bessere Oberflächenqualitäten und geringeren Nachbearbeitungsaufwand.

Projektpartner

Das PRESERVE-Konsortium besteht aus folgenden Unternehmen:

- die **Salzburger Aluminium AG**, welche die Thixocastinganlage bereibt,
- die **Bühler Druckguß AG**, der Hersteller der Druckgussanlage,
- die **Elotherm GmbH**, welche die Erwärmungsanlage herstellt,
- der Formenhersteller **CSP SA** und
- das **Institut für Arbeitswissenschaft und Technologiemanagement (IAT)** der Universität Stuttgart.

Benchmark-Studie: Interessenten gesucht!

Für die in der Analysephase des Projektes geplante Benchmarkstudie zum Thema "Strategien für Service und Instandhaltung verketteter Anlagen in verschiedenen Branchen" werden noch Interessenten und Teilnehmer gesucht. Die Studie wird folgendermaßen ablaufen: Zunächst wird eine Benchmark-Gruppe mit 10 Industriefirmen gegründet, welche die Befragungsmethodik und -inhalte erarbeitet. Mit dieser Methodik werden dann mindestens 100 Unternehmen befragt und die Ergebnisse in einer Studie veröffentlicht. Den Firmen aus der Benchmark-Gruppe und den befragen Unternehmen werden die Ergebnisse der Studie kostenlos zur Verfügung gestellt.

Wenn Sie an der Teilnahme an der Benchmark-Gruppe interessiert sind, zu den befragten Unternehmen gehören wollen oder einfach nur regelmäßig über die Projektergebnisse von PRESERVE informiert werden wollen, dann senden oder faxen Sie uns bitte das unten angehängte Kontaktformular.

Konsortium

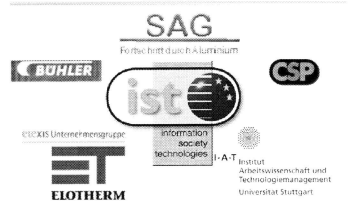

Förderung

PRESERVE wird von der **Europäischen Union** im Rahmen des IST Programmes gefördert. Das Programm IST (Information Society Technologies) ist Teil des 5. Rahmenprogrammes zur Forschungsförderung in der Europäischen Union.

☐ Ich möchte an der Benchmark-Gruppe teilnehmen.

☐ Ich stehe für eine Befragung im Rahmen der Benchmark-Studie zur Verfügung

☐ Bitte schicken Sie mir regelmäßig Informationen zu PRESERVE-Projektergebnissen.

**Fraunhofer Institut
für Arbeitswirtschaft und Organisation**
z.Hd. Herrn Axel Benz
Nobelstr. 12

D-70569 Stuttgart

Antwort in einen Fensterbriefumschlag oder Fax an 0711-970 2192

Firma

Abteilung

Vorname, Name

Straße

PLZ, Ort

Telefon, Telefax

E-Mail

Teil 3

Anhang B: Abbildungsverzeichnis

Abbildung 1: Koordination von Inspektionen und Wartungen mit geplanten Stillstandszeiten ..2

Abbildung 2: Soll-Ist-Vergleich bezüglich der IH-Kosten 3

Abbildung 3: Budgetierung der IH-Kosten je Anlage 3

Abbildung 4: Unterrichtung der Maschinenbediener bezüglich der anfallenden IH-Kosten.......4

Abbildung 5: Serviceelemente 5

Abbildung 6: Serviceabteilung als Profit-Center 5

Abbildung 7: TPM-Vision 6

Abbildung 8: Existenz eines KVP 7

Abbildung 9: Veröffentlichung der Projektresultate 7

Abbildung 10: Verteilung des IH-Aufwandes 8

Abbildung 11: Störungserkennung 8

Abbildung 12: Störungsbeschreibung 9

Abbildung 13: Qualifikation der Produktionsmitarbeiter 9

Abbildung 14: Fähigkeitsschulung 10

Abbildung 15: Protokollverwendung 10

Abbildung 16: Anpassung der Inspektionspläne 11

Abbildung 17: Attraktivität der Elektronischen Ersatzteilbestellung 12

Abbildung 18: Ersatzteilbestellung 12

Abbildung 19: klassische Aufgaben der Instandhaltung 14

Abbildung 20: aufbauorganisatorische Grundformen 15

Abbildung 21: Vor- und Nachteile der Eigen- bzw. Fremdinstandhaltung 16

Abbildung 22: Vorschlag zur Vorgehensweise bei der Wahl zwischen Eigen- und Fremdinstandhaltung 17

Abbildung 23: Vor-/Nachteile und Anwendungsgebiete organisatorischer IH-Strategien 18

Abbildung 24: optimale IH-Strategie 19

Abbildung 25: klassische Aufgaben des technischen Kundendienstes 22

Abbildung 26: Aufbauorganisatorische Grundformen 23

Abbildung 27: Leistungsangebot 26

Abbildung 28: Checkliste Verfügbarkeit und Produktivität 29

Abbildung 29: Checkliste Budgetierung 30

Abbildung 30: Checkliste KVP 30

Abbildung 31: Integration des Maschinenbedieners in den Wartungsprozess 31

Abbildung 32: Störungsbeschreibung durch den Maschinenbediener 32

Abbildung 33: Checkliste Mitarbeiterqualifikation 32

Abbildung 34: Fähigkeitsschulung der Maschinenbediener 33

Abbildung 35: Checkliste Dokumentation 33

Abbildung 36: Checkliste Kommunikation 34

Abbildung 37: Vorbeugende vs. Reaktive Instandhaltung 34

Abbildung 38: Kommunikationsspinne 35

Abbildung 39: Erwirtschaftung des Deckungsbeitrags 37

Abbildung 40: Checkliste Serviceangebote 38

Abbildung 41: bereits dokumentierte Störfälle 39

Abbildung 42: Checkliste Teleservicevoraussetzungen 39

Abbildung 43: Einsparungsmöglichkeiten durch Teleservice 40

Abbildung 44: Checkliste Ausrüstung der Servicetechniker 40

Abbildung 45: Checkliste Einführung von E-Commerce 41

Abbildung 46: Erreichbarkeit und Reaktionsfähigkeit der Serviceabteilung 42

Abbildung 47: Checkliste KVP 43

Abbildung 48: Prozessschritte 44

Anhang C: Literaturverzeichnis

Al-Radhi, M. / Heuer, J.: Total Productive Maintenance - Konzept, Umsetzung, Erfahrung; München/Wien 1995.

Bamberg, G. / Baur, F.: Statistik; Oldenburg 1979.

Barschdorff, D.: Adaptive Echtzeitverfahren als Hilfsmittel der Fehlerdiagnose; in: Diagnoseverfahren in der Automatisierungstechnik: Tagung Baden-Baden; 17. September 1990 VDI/VDE-Gesellschaft; Düsseldorf 1990.

Bauche, K.: Segmentierung von Kundendienstleistungen auf investiven Märkten; Frankfurt a.M. 1993 (Schriften zu Marketing und Management; Band 23).

Beckmann, G. / Marx, D.: Instandhaltung von Anlagen – Konzepte, Strategien, Planung; 4.Auflage; Leipzig/Stuttgart 1994.

Berry, L. u.a.: Service Quality – A Profit Strategy for Financial Institutions; Homewood, Illinois 1988.

Bertsche, B. / Lechner, G.: Zuverlässigkeit im Maschinenbau – Ermittlung von Bauteil- und System-Zuverlässigkeit; Berlin/Heidelberg 1990.

Biedermann, H: Erfolgsorientierte Instandhaltung durch Kennzahlen – Führungsinstrument für die Instandhaltung; Köln 1985.

Blattberg, R.C. / Deighton, J.: Die neue Dimension – Immer enger, mein Kunde, mit Dir; in: Harvard Business Manager 1 (1993); S.96-107.

Bonfig, K. W.: Fuzzy Logik in der industriellen Automatisierung; 2.Auflage; Ehningen 1992.

Brocker, H.: Integriertes Instandhaltungssystem – Das 9-Punkte-Programm der erfolgreichen Instandhaltung; Köln 1987.

Budde, R.: Rechnergestützte Instandhaltung; CIM-Management 2 (1991); S.16ff.

Casagranda, M.: Industrielles Service-Management – Grundlagen, Instrument, Perspektiven; Wiesbaden 1994.

Dahms, P.: Kundendienst als Profit Center; Nürnberg 1989.

Daube, K.: Bildung anlagenbezogener Instandhaltungsstrategien auf Basis von Instandhaltungskosten und –leistungsanalysen; in: Kalaitzis, D. (Hrsg.); Instandhaltungs-Controlling; Köln 1990; S.239-258.

DIN 24420 (Teil 1): Ersatzteillisten - Allgemeines; Berlin 1976.

DIN 25424 (Teil1): Fehlerbaumanalyse – Methode und Bildzeichen; Berlin 1981.

DIN 31051: Instandhaltung, Begriffe und Maßnahmen; Berlin 1985.

DIN 40041: Zuverlässigkeit – Begriffe; Berlin 1990.

DIN 40150: Begriffe zur Ordnung von Funktions- und Baueinheiten; Berlin 1979.

DIN 50320: Verschleiß – Begriffe, Systemanalyse von Verschleißvorgängen, Gliederung des Verschleißgebietes; Berlin 1979 (zurückgezogen).

DIN 50323 (Teil 1): Tribologie – Begriffe; Berlin 1988 (zurückgezogen).

DIN 50323 (Teil 2): Tribologie – Verschleiß - Begriffe; Berlin 1995.

DIN 50323 (Teil 3): Tribologie – Reibung – Begriffe, Arten, Zustände, Kenngrößen; Berlin 1988 (zurückgezogen).

Dornach, A.: Organisation von Dienstleistungen bei Herstellern von langlebigen Wirtschaftsgütern; Diss. Universität Augsburg 1993.

Dutz, E. / Schuppert, F.: Selektive Strategien im Kundendienst – Rationalisierung realisieren; Jahrbuch der Logistik; 7 (1993); S.184-187.

Fähnrich, K.-P.: Ein System zur wissensbasierten Diagnose an CNC-Werkzeugmaschinen durch den Maschinenbediener; Berlin/Heidelberg 1990.

Filz, B.: Kennzahlensysteme für die Distribution – Modell für kleine und mittlere Unternehmen; Köln 1989.

Freyermuth, B.: Wissensbasierte Fehlerdiagnose am Beispiel eines Industrieroboters; Düsseldorf 1993

Friedrich, W.: Kennzahlen und Informationen zu Außenmontage und Kundendienst; 2. Teil; VDMA Maschinenbau Nachrichten 71 (1992) Nr. 10; S.67-68.

Habig, K.-H.: Tribologie; in: Beitz, W. / Küttner, K.H. (Hrsg.); Dubbel: Taschenbuch für den Maschinenbau; 17. Auflage; Berlin/Heidelberg 1990.

Hackstein, R. / Klein, W.: Informationswesen in der Instandhaltung; in: Fortschrittliche Betriebsführung und Industrial Engineering 36 (1987) Nr. 5.

Hackstein, R. / Sent, B.: Arbeitsvorbereitung in der Instandhaltung; in: Warnecke, H.-J. (Hrsg.); Handbuch Instandhaltung; Band 1 Instandhaltungsmanagement; 2. Auflage; Köln 1992.

Hartung, P. u.a.: Unternehmensgerechte Instandhaltung – ein Teil der zukunftsorientierten Unternehmensführung; Ehningen 1993.

Hauptmann, P.: Sensoren - Prinzipien und Anwendungen; München/Wien 1990.

Hermes, P.: Entwicklung eines Customer Self-Service-Systems im Technischen Kundendienst des Maschinenbaus; Diss. Universität Stuttgart 1999.

Höfle-Isphording, U.: Zuverlässigkeitsrechnung; Berlin/Heidelberg 1978.

Homburg, C.: Modellgestützte Unternehmensplanung; Wiesbaden 1991.

Jacobi, H. F.: Expertensysteme im Instandhaltungsbereich - Realität, Entwicklungsrichtungen und zukünftige Anwendungsbereiche; in: Instandhaltungssoftware - Realität und Vision 6. Instandhaltungsforum; Köln 1990.

Kalaitzis, D.: Der Stundensatz zählt wenig bei Fremdinstandhaltung; in: VDI-Nachrichten; 15/16 (1987); S.37f

Klaus, P.G.: Auf dem Weg zu einer Betriebswirtschaftslehre der Dienstleistungen – Der Interaktionsansatz; in: DBW; 44 (1984); S.467-475.

Klein, W.: Optimale Planung und Steuerung der Instandhaltung – Analyse und Gestaltung des Informationswesens; Köln 1988.

Kurbel, K.: Entwicklung und Einsatz von Expertensystemen – Eine anwendungsorientierte Einführung in wissensbasierte Systeme; Berlin/Heidelberg 1989.

Löbbe, K. u.a.: Technische Dienstleistungen, Technologietransfer und Innovation; RWI Rheinisch-Westfälisches Institut für Wirtschaftsforschung; Essen 1992 (Untersuchungen des Rheinisch-Westfählischen Instituts für Wirtschaftsforschung; Bd. 7).

Männel, W.: Wahl zwischen Eigen- und Fremdinstandhaltung; Dortmund 1982.

Mexis, N. D.: Handbuch Schwachstellenanalyse; Köln 1990.

Mexis, N. D.: Allgemeine Schwachstellenanalyse (Ursachenanalyse) und deren Durchführung in den Betrieben; in: Warnecke, H.-J. (Hrsg.); Handbuch Instandhaltung; Band 1 Instandhaltungsmanagement; 2. Auflage; Köln 1992.

Millberg, J.: Unsere Stärken stärken – Der Weg zur Wettbewerbsfähigkeit und Standortsicherung; in: Milberg / Reinhart (Hrsg.): Unsere Stärken stärken – Der Weg zur Wettbewerbsfähigkeit und Standortsicherung; Münchner Koloquium; Landsberg/Lech 1994; S.13-31.

van der Mooren, A. L.: Instandhaltungsgerechtes Konstruieren und Projektieren – Grundlagen, Methoden, Checklisten für den Maschinen- und Anlagenbau; Berlin/Heidelberg 1991.

Muser, V.: Der Integrative Kundendienst – Grundlagen für ein marketingorientiertes Kundendienstmanagement; Augsburg 1988.

Nakajima, S.: Management der Produktionseinrichtungen (Total Productive Maintenance); Frankfurt/New York 1995.

Niemann, H.: Klassifikation von Mustern; Berlin/Heidelberg 1993.

o.V.: Alle wissen alles - Einsatz von wissensbasierten Systemen in der Instandhaltung; Instandhaltung; September 5 (1994); S.18ff.

o.V.: Handbuch der Arbeitsvorbereitung; Teil 1 Arbeitsplanung; Hrsg.: AWF (Ausschuss für Wirtschaftliche Fertigung) und REFA (Verband für Arbeitsstudien), Berlin 1969.

o.V.: Technische Zuverlässigkeit; Messerschmidt-Bölkow-Blohm (Hrsg.); 3. Auflage; Berlin/Heidelberg 1986.

Petersen, P.: Total Productive Maintenance als wesentlicher Beitrag zur Realisierung von Lean Production; in: 3.TQM Vision Seminar Qualitätsmanagement als Unternehmensstrategie; Universität Hamburg 25.-27. August 1993; S.1-9.

Pfersdorf, I.: Entwicklung eines systematischen Vorgehens zur Organisation des industriellen Service; Berlin Heidelberg 1997.

Pieske, R.: Benchmarking in der Praxis – Erfolgreiches Lernen von führenden Unternehmen; Landsberg 1995

Poestges, A.: Planung und Steuerung der Instandhaltung mit EDV; AV 23 (1986) Nr. 3; S.93ff.

Quinn, J.B. / Gagnon, C.E.: Die Dienstleistungen werden Automatisiert; in: Harvard Manager; 2 (1987); S.74-81.

Reichwald, R. / Möslein, K.: Innovationsstrategien und neue Geschäftsfelder von Dienstleistern – Den Wandel gestalten; in: Bullinger, H.-J. (Hrsg.); Dienstleistungen für das 21. Jahrhundert; Stuttgart 1997; S.75-105.

Schelo, S. J.: Integrierte Instandhaltungsplanung und -steuerung mit elektronischer Datenverarbeitung; Berlin 1972.

Schmidt, U.: Teleservice - Stand und Entwicklungsansätze 1997; Bundesministerium für Bildung und Forschung; 1998.

Schneider-Fresenius, W.: Technische Fehlerfrühdiagnoseeinrichtungen – Stand der Technik und neuartige Einsatzmöglichkeiten in der Maschinenbauindustrie; München/Wien 1985.

Schubert, W.: Wenn der Kundendienst zum Profit-Center wird; in: Blick durch die Wirtschaft; Nr.23; 3.2.1993; S.7.

Schulte, W.: Fundament erfolgreicher Instandhaltung – Wartung und Inspektion; Hrsg.: Kalaitzis, D.; Köln 1988; S.74-98.

Schulz, D.: PC-gestützte Mess- und Regelungstechnik: Grundlagen und praktische Anwendung; München 1991.

Seifert, H.-J.: Modellgestützte Diagnose komplexer Produktionssysteme - Ein Beitrag zur Erhöhung der Verfügbarkeit kapitalintensiver Fertigungsanlagen; Diss. Universität Bochum 1992.

Sent, B.: Systemauswahl und –einführung; in: Hackstein, R. (Hrsg.); PC-Einsatz in der Instandhaltung; Köln 1988.

Sihn, W.: EDV-Systeme zur Unterstützung der Ablauforganisation in der Instandhaltung; in: Warnecke, H.-J. (Hrsg.); Handbuch Instandhaltung; Band 1 Instandhaltungsmanagement; 2. Auflage; Köln 1992.

Ströbel, G: Integrierte Überwachung und Diagnose am Beispiel flexibel automatisierter, komplexer Montage- und Prüfaufgaben; Diss. Universität Bremen 1993.

Sturm, A. / Förster, R.: Maschinen- und Anlagendiagnostik für die zustandsbezogene Instandhaltung; Stuttgart 1990.

Teichmann, J.: Kundendienstmanagement im Investitionsgüterbereich – Vom notwendigen Übel zum strategischen Erfolgsfaktor; Frankfurt a.M. 1994; (Europäische Hochschulschriften; Reihe 5; Bd.1634).

Thomaßen, V.: Hindernisse Maschinenmarkt; Würzburg 98 (1992) Nr. 34; S.102f.

Uetz, H. / Lewandowski, K. (a): Allgemeine Kriterien des instandhaltungsgerechten Konstruierens; in: Warnecke, H.-J. (Hrsg.); Handbuch Instandhaltung; Band 1 Instandhaltungsmanagement; 2. Auflage; Köln 1992.

Uetz, H. / Lewandowski, K. (b): Zielsetzung und Vorgehensweise beim instandhaltungsgerechten Konstruieren; in: Warnecke, H.-J. (Hrsg.); Handbuch Instandhaltung; Band 1 Instandhaltungsmanagement; 2. Auflage; Köln 1992.

VDI-Richtlinie 2246 (Blatt 2): Konstruieren instandhaltungsgerechter technischer Erzeugnisse; Berlin 1994.

VDI-Richtlinie 2889: Einsatz wissensbasierter Diagnosemethoden und –systeme in der Instandhaltung; Berlin 1998.

VDI-Richtlinie 2892: Ersatzteilwesen der Instandhaltung; Berlin 1987.

VDI-Richtlinie 2893: Bildung von Kennzahlen für die Instandhaltung; Berlin 1991.

VDI-Richtlinie 2895: Organisation der Instandhaltung – Instandhalten als Unternehmensaufgabe; Berlin 1996.

VDI-Richtlinie 3822 (Blatt 1): Schadensanalyse - Grundlagen, Begriffe und Definitionen, Ablauf einer Schadensanalyse; Berlin 1984.

VDI-Richtlinie 4003: Anwendung zuverlässigkeitsbezogener Programme; Berlin 1985.

Warnecke, H.-J.: Handbuch Instandhaltung; Band 1 Instandhaltungsmanagement; 2. Auflage; Köln 1992.

Weber, R.M.: Erfolgreiches Service-Management – die gewinnbringende Vermarktung von Dienstleistungen; Landsberg/Lech 1989.

Westkämper, E.: Perspektiven im Technischen Kundendienst durch Teleservice; in: Teleservice als entscheidender Baustein im kunden-orientierten, weltweiten Service; Fraunhofer IPA-Technologieforum F29; 19/20. März 1998; Institutszentrum der Fraunhofer-Gesellschaft Stuttgart-Vaihingen.

Westkämper, E. / Sihn, W. / Stender, S. (Hrsg.): Instandhaltungsmanagement in neuen Organisationsformen; Berlin/Heidelberg 1999.

Westkämper, E. / Stender, S. / Hirschmann, J. (a): Durch Teleservice Steigerung der Wettbewerbsfähigkeit; dima (Die Maschine) 4-5 (1998); S.14-18.

Wieland, J. (a): Fernunterstützung für Produktion und Instandhaltung; in: Handelsblatt 3.6.1998

Wieland, J. (b): Der Maschinen- und Anlagenbau hat die Dienstleistung entdeckt; in: Maschinenbau-Nachrichten 12 (1997).

Wiendahl, H.-P. / Köhrmann, C.: Verfügbarkeit komplexer Systeme – Ergebnisse einer Internationalen Umfrage; in: Instandhaltung-Markt 2000, S.24-29.

Wincheringer, W. (a): Eingliederung des Instandhaltungsbereiches in das Unternehmen; in: Warnecke, H.-J. (Hrsg.); Handbuch Instandhaltung; Band 1 Instandhaltungsmanagement; 2. Auflage; Köln 1992.

Wincheringer, W. (b): Strukturierung des Instandhaltungsbereiches; in: Warnecke, H.-J. (Hrsg.); Handbuch Instandhaltung; Band 1 Instandhaltungsmanagement; 2. Auflage; Köln 1992.

Zborschil, I.: Der Technische Kundendienst als eigenständiges Marketing-Objekt; Frankfurt a.M. 1994; (Europäische Hochschulschriften; Reihe 5; Bd.1628).

Zhou, E.: Untersuchung zum Einsatz von Prognoseverfahren in der Maschinenüberwachung zur Unterstützung von Diagnosesystemen; Diss. Universität Aachen 1994.

Sonstige Quellen:

Westkämper, E. / Stender, S. / Hirschmann, J. (b): Nutzung moderner Informations- und Kommunikationstechniken zur Steigerung der Wettbewerbsfähigkeit des Maschinenbaus; http://www.maschinenbau-service.de/teleservice/main/publicteleservice/allgemein.html

Westkämper, E. / Wieland, J.: Bewegtbilder aus der Ferne zur Instandhaltung – Unterstützende Videodiagnose durch den Maschinenhersteller; http://www.maschinenbau-service.de/teleservice/main/public/wt/videodiagnose.html